Hallo, ich heiße Asmudi und ich bin dein Rechenhelfer.
Ich möchte dir in diesem Heft zeigen, wie du für das Fach Mathematik all das wiederholen kannst, was du in der fünften Klasse benötigst.

In meinem Namen sind die Rechenoperationen Addition, Subtraktion, Multiplikation und Division versteckt. Die kannst du mit vielen Hilfen hier wiederholen.

Darüber hinaus kannst du deine Konzentrationsfähigkeit anhand von Kopfrechenaufgaben trainieren.

Das Rechnen mit den Größen Geld und Masse und dazugehörige Sachaufgaben schließen dein Rechentraining ab.

Mithilfe des eingelegten Lösungsheftes kannst du deine Rechnungen überprüfen und das auf der letzten Seite auch dokumentieren.

Addieren und Subtrahieren

1 Berechne.

a) $7 + 5 =$ ___ $8 + 6 =$ ___ $4 + 9 =$ ___ $9 + 2 =$ ___ $8 + 8 =$ ___

b) $11 - 5 =$ ___ $13 - 9 =$ ___ $17 - 9 =$ ___ $14 - 5 =$ ___ $18 - 9 =$ ___

c) $8 + 5 =$ ___ $13 - 6 =$ ___ $6 + 9 =$ ___ $9 - 7 =$ ___ $5 + 6 =$ ___

d) $11 - 5 =$ ___ $12 - 7 =$ ___ $8 + 9 =$ ___ $15 - 8 =$ ___ $6 + 4 =$ ___

Addieren:	Summand	plus	Summand	gleich	Summe
	7	+	9	=	16
Subtrahieren:	Minuend	minus	Subtrahend	gleich	Differenz
	16	–	9	=	7

2 Schreibe die Rechenaufgabe auf und bestimme das Ergebnis.

Addiere die Zahlen 6 und 8. $6 + 8 = 14$

a) Bestimme die Summe
   aus 5 und 7.   _____

b) Bestimme die Differenz
   aus 17 und 6.   _____

c) Subtrahiere 8 von 17.   _____

d) Addiere 8 und 7.   _____

e) Der 1. Summand ist 5,
   der 2. Summand 9.   _____

f) Der Minuend ist 15,
   der Subtrahend 5.   _____

3 Bestimme die fehlende Zahl.

a) $7 +$ ___ $= 13$ ___ $+ 6 = 12$ $5 +$ ___ $= 12$ ___ $+ 8 = 17$ $8 +$ ___ $= 11$

b) $11 -$ ___ $= 2$ ___ $- 9 = 4$ $17 -$ ___ $= 11$ ___ $- 8 = 4$ $18 -$ ___ $= 9$

c) $8 +$ ___ $= 15$ ___ $- 6 = 8$ ___ $+ 9 = 15$ $12 -$ ___ $= 3$ ___ $+ 6 = 11$

d) ___ $- 5 = 14$ $12 -$ ___ $= 9$ $8 +$ ___ $= 13$ ___ $- 8 = 7$ $6 +$ ___ $= 10$

e) $17 -$ ___ $= 9$ ___ $- 7 = 5$ $19 -$ ___ $= 12$ ___ $- 8 = 15$ $18 -$ ___ $= 11$

4 Berechne.

a) $9 + 5 + 4 =$ ___ $8 + 6 + 6 =$ ___ $4 + 9 + 7 =$ ___

b) $11 - 4 - 4 =$ ___ $19 - 9 - 5 =$ ___ $17 - 9 - 5 =$ ___

c) $8 + 5 + 2 =$ ___ $13 - 6 - 4 =$ ___ $11 - 6 + 9 =$ ___

d) $11 - 5 + 9 =$ ___ $12 - 7 - 2 =$ ___ $8 + 9 - 6 =$ ___

e) $7 + 5 - 7 =$ ___ $8 - 6 + 13 =$ ___ $14 + 9 - 10 =$ ___

5 Addiere. Rechne erst bis zum vollen Zehner.

$$27 + 8 = 27 + 3 + 5 = 30 + 5 = 35$$

a) $17 + 5 = 17 + 3 + 2 = $ _____

b) $26 + 9 = $ _____

c) $68 + 4 = $ _____

d) $56 + 8 = $ _____

e) $57 + 9 = $ _____

f) $46 + 7 = $ _____

g) $76 + 7 = $ _____

$18 + 6 = $ _____

$37 + 7 = $ _____

$79 + 6 = $ _____

$45 + 9 = $ _____

$35 + 8 = $ _____

$25 + 6 = $ _____

$75 + 9 = $ _____

6 Subtrahiere. Rechne erst bis zum vollen Zehner.

$$24 - 8 = 24 - 4 - 4 = 20 - 4 = 16$$

a) $37 - 8 = 37 - 7 - 1 = $ _____

b) $62 - 7 = $ _____

c) $44 - 9 = $ _____

d) $73 - 6 = $ _____

e) $75 - 6 = $ _____

f) $83 - 5 = $ _____

g) $71 - 6 = $ _____

$32 - 6 = $ _____

$73 - 7 = $ _____

$92 - 5 = $ _____

$43 - 8 = $ _____

$33 - 7 = $ _____

$34 - 8 = $ _____

$53 - 8 = $ _____

7 Berechne. Rechne erst im Kopf bis zum vollen Zehner.

a) $27 + 5 = $ ___ $38 + 6 = $ ___ $64 + 9 = $ ___ $29 + 2 = $ ___ $88 + 8 = $ ___

b) $51 - 5 = $ ___ $43 - 9 = $ ___ $57 - 9 = $ ___ $64 - 5 = $ ___ $38 - 9 = $ ___

c) $48 + 5 = $ ___ $33 - 6 = $ ___ $26 + 9 = $ ___ $25 - 7 = $ ___ $15 + 6 = $ ___

d) $41 - 5 = $ ___ $72 - 7 = $ ___ $88 + 9 = $ ___ $35 - 8 = $ ___ $66 + 4 = $ ___

e) $47 + 6 = $ ___ $68 + 8 = $ ___ $34 - 9 = $ ___ $22 - 6 = $ ___ $83 - 7 = $ ___

8 Berechne.

a) $27 + 50 = $ ___ $38 + 60 = $ ___ $64 + 20 = $ ___ $30 + 12 = $ ___ $58 + 30 = $ ___

b) $41 - 20 = $ ___ $73 - 30 = $ ___ $57 - 10 = $ ___ $64 - 50 = $ ___ $98 - 60 = $ ___

c) $48 + 50 = $ ___ $63 - 20 = $ ___ $40 + 19 = $ ___ $55 - 20 = $ ___ $10 + 63 = $ ___

d) $53 - 20 = $ ___ $72 - 60 = $ ___ $28 + 70 = $ ___ $75 - 40 = $ ___ $60 + 14 = $ ___

e) $47 + 50 = $ ___ $60 + 28 = $ ___ $54 - 20 = $ ___ $82 - 60 = $ ___ $83 - 70 = $ ___

Addieren und Subtrahieren

9 Addiere. Rechne wie im Beispiel.
Entscheide dich für einen Rechenweg.

26 + 45 = ▢

1. Rechenweg	**2. Rechenweg**
26 + 40 = 66	26 + 5 = 31
66 + 5 = 71	31 + 40 = 71

26 + 45 = 71

a) 27 + 35 =   56 + 28 =

b) 36 + 19 =   55 + 27 =   28 + 39 =   75 + 26 =

c) 68 + 24 =   18 + 33 =   46 + 27 =   78 + 15 =

d) 58 + 26 =   45 + 39 =   53 + 19 =   54 + 38 =

e) 66 + 16 =   35 + 47 =   56 + 27 =   48 + 25 =

10 Berechne im Kopf, ohne die Rechenschritte aufzuschreiben.

a) 27 + 18 =   38 + 26 =   64 + 19 =   29 + 32 =   58 + 38 =

b) 53 + 25 =   43 + 38 =   57 + 26 =   64 + 27 =   38 + 23 =

c) 48 + 35 =   33 + 46 =   26 + 49 =   25 + 47 =   15 + 76 =

d) 41 + 25 =   74 + 27 =   38 + 59 =   35 + 48 =   66 + 24 =

e) 47 + 16 =   68 + 28 =   34 + 29 =   32 + 46 =   53 + 47 =

11 Fülle die Rechenmauern aus.

a)

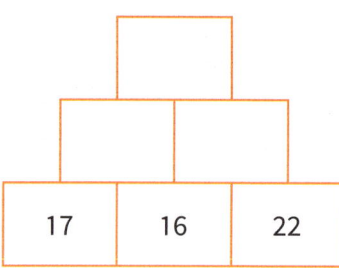

17   16   22

b)

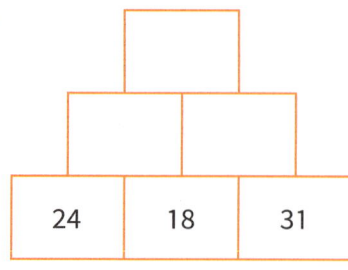

24   18   31

c)

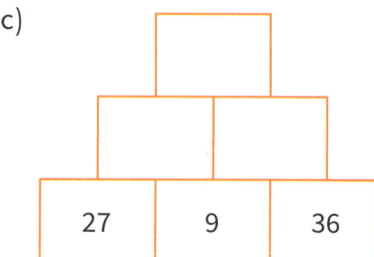

27   9   36

12 Subtrahiere. Rechne wie im Beispiel.
Entscheide dich für einen Rechenweg.

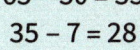

65 – 37 = ▓

1. Rechenweg	2. Rechenweg
65 – 30 = 35	65 – 7 = 58
35 – 7 = 28	58 – 30 = 28

65 – 37 = 28

a) 43 – 35 =

56 – 28 =

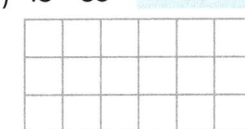 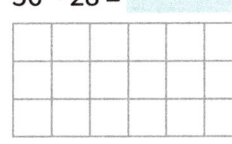 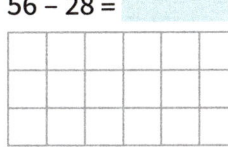

b) 76 – 49 =   42 – 36 =   52 – 27 =   81 – 58 =

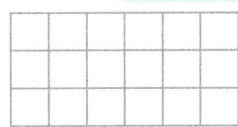 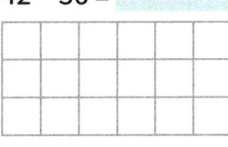 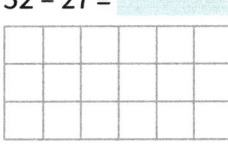 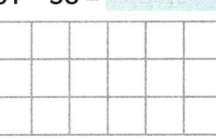

c) 63 – 34 =   35 – 19 =   71 – 54 =   46 – 27 =

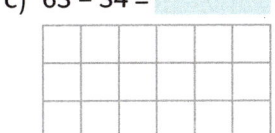 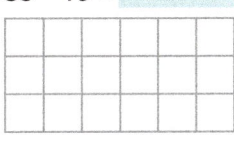 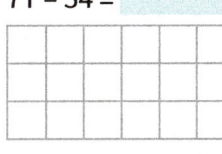 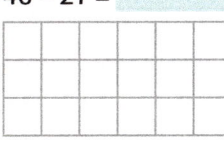

d) 56 – 38 =   45 – 39 =   92 – 76 =   83 – 66 =

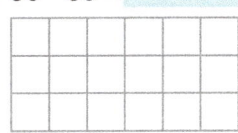 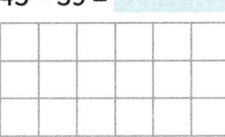 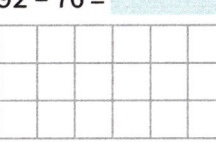 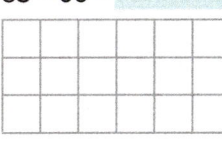

e) 76 – 57 =   35 – 29 =   53 – 35 =   43 – 25 =

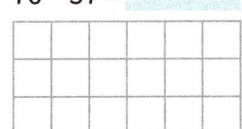 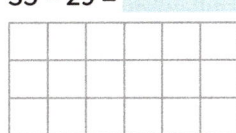 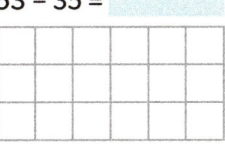 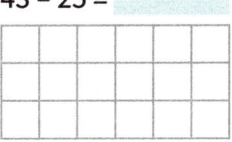

13 Berechne im Kopf, ohne die Rechenschritte aufzuschreiben.

a) 47 – 18 =   31 – 16 =   64 – 37 =   52 – 33 =   84 – 38 =

b) 51 – 25 =   43 – 24 =   57 – 39 =   84 – 55 =   88 – 69 =

c) 74 – 36 =   53 – 35 =   96 – 69 =   55 – 27 =   45 – 36 =

d) 41 – 23 =   72 – 57 =   83 – 55 =   35 – 16 =   64 – 26 =

e) 34 – 15 =   61 – 48 =   34 – 19 =   62 – 36 =   83 – 47 =

14 Fülle die Rechenmauern aus.

a)

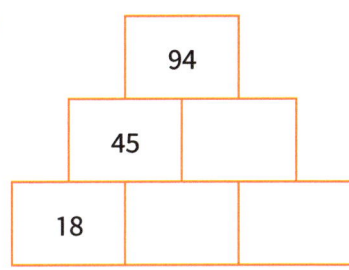

b)

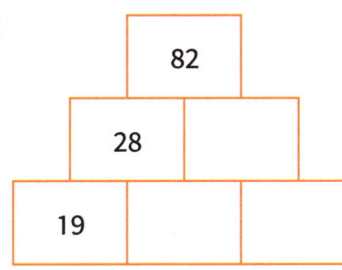

c)

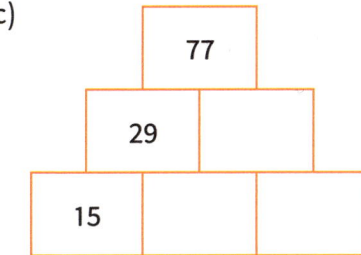

Stellenwerttafel

1 Berechne wie im Beispiel.

7 000 + 800 + 10 + 3 = 7 813
7 T + 8 H + 1 Z + 3 E = 7 813

a) 7 000 + 400 + 80 + 7 = _____

b) 5 000 + 900 + 20 + 8 = _____

c) 10 000 + 7 000 + 80 + 9 = _____

d) 80 000 + 50 + 6 = _____

e) 3 ZT + 6 T + 7 H + 3 Z = _____

f) 7 ZT + 5 Z + 3 E = _____

20 000 + 600 + 50 + 3 = _____

50 000 + 1 000 + 700 + 20 = _____

10 000 + 700 + 5 = _____

8 ZT + 6 H + 2 Z + 8 E = _____

2 ZT + 5 T + 8 H = _____

2 Zerlege die Zahl wie im Beispiel.

7 918 = 7 000 + 900 + 10 + 8
7 918 = 7 T + 9 H + 1 Z + 8 E

a) 4 935 = 4 000 + 900 + _____

4 935 = 4 T + 9 H + _____

b) 42 076 = _____

42 076 = _____

c) 60 204 = _____

60 204 = _____

d) 70 001 = _____

70 001 = _____

23 562 = _____

23 562 = _____

10 632 = _____

10 632 = _____

55 710 = _____

55 710 = _____

56 000 = _____

56 000 = _____

3 Trage in die Stellenwerttafel ein. Wie heißt die Zahl?

	Tausender						Zahl
	HT	ZT	T	H	Z	E	
4 T 7 H 3 Z 8 E			4	7	3	8	4 738
2 ZT 3 T 5 Z 2 E		2	3	0	5	2	23 052
7 ZT 9 H 1 Z 6 E							
4 ZT 5 T 7 E							
9 ZT 8 T 3 H 2 Z							
9 T 8 Z 3 E							
6 ZT 9 T 4 Z							
1 ZT 7 H 9 Z 5 E							
6 ZT 6 H							

1 Trage die Zahl am Zahlenstrahl ein. Welche Hunderterzahl liegt näher? Runde entsprechend.

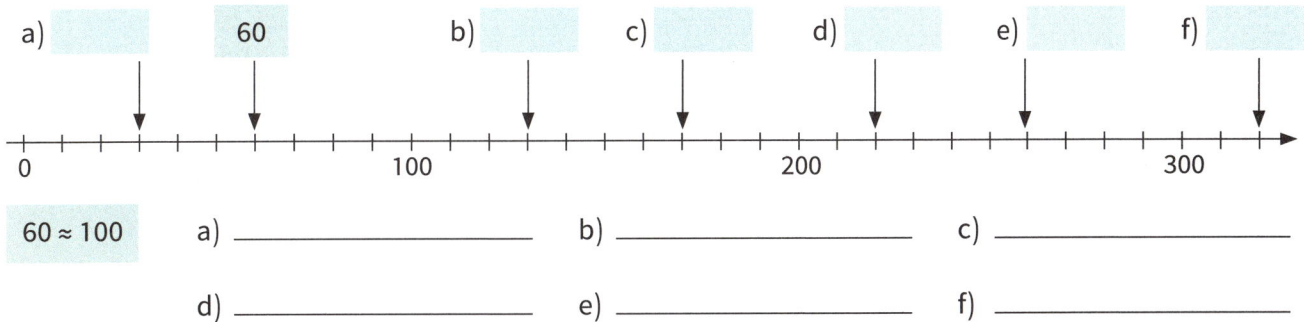

a) _____ b) _____ c) _____

$60 \approx 100$

d) _____ e) _____ f) _____

2 Runde

a) auf Hunderter.

$238 \approx$ _____

$5\,448 \approx$ _____

$2\,067 \approx$ _____

$1\,238 \approx$ _____

$13\,538 \approx$ _____

$10\,998 \approx$ _____

$281\,950 \approx$ _____

b) auf Tausender.

$1\,286 \approx$ _____

$15\,486 \approx$ _____

$21\,786 \approx$ _____

$45\,499 \approx$ _____

$8\,660 \approx$ _____

$79\,500 \approx$ _____

$312\,086 \approx$ _____

c) auf Zehner.

$538 \approx$ _____

$705 \approx$ _____

$6\,038 \approx$ _____

$5\,234 \approx$ _____

$2\,308 \approx$ _____

$4\,549 \approx$ _____

$12\,008 \approx$ _____

d) auf Zehntausender.

$12\,580 \approx$ _____

$67\,286 \approx$ _____

$69\,500 \approx$ _____

$196\,000 \approx$ _____

$144\,997 \approx$ _____

$104\,816 \approx$ _____

$195\,086 \approx$ _____

> Runde 765 auf Hunderter.
>
> Auf diese Stelle soll gerundet werden.
> Die Ziffer rechts davon ist eine 6, daher wird **aufgerundet**.
>
> $765 \approx 800$
>
> Die Zehner– und die Einerziffer werden durch Nullen ersetzt. Die Hunderterziffer wird um 1 erhöht.

> Runde 345 auf Hunderter.
>
> Auf diese Stelle soll gerundet werden.
> Die Ziffer rechts davon ist eine 4, daher wird **abgerundet**.
>
> $345 \approx 300$
>
> Die Zehner– und die Einerziffer werden durch Nullen ersetzt. Die Hunderterziffer bleibt gleich.

> **Rundungsregeln**
> Bei den Ziffern 0, 1, 2, 3, 4 runde ab.
> Bei den Ziffern 5, 6, 7, 8, 9 runde auf.

3 Beschreibe, wie gerundet wurde. Manchmal gibt es mehrere Möglichkeiten.

a) $7\,238 \approx 7\,200$ _____ $124\,586 \approx 120\,000$ _____

b) $19\,042 \approx 19\,000$ _____ $6\,550 \approx 6\,600$ _____

c) $7\,499 \approx 7\,000$ _____ $260\,486 \approx 260\,000$ _____

Zahlen anordnen, Zahlen runden

4 Vervollständige die Einteilung des Zahlenstrahls und trage die gekennzeichneten Zahlen ein.

a)

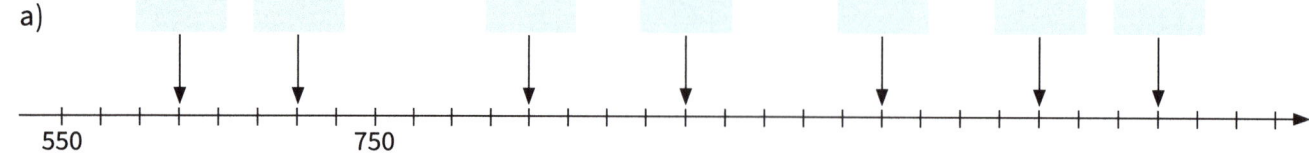

550   750

b)

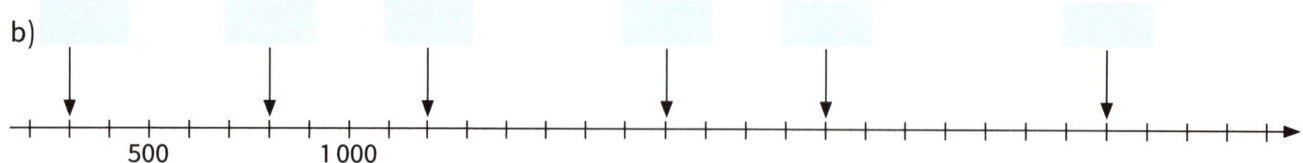

500   1 000

c)

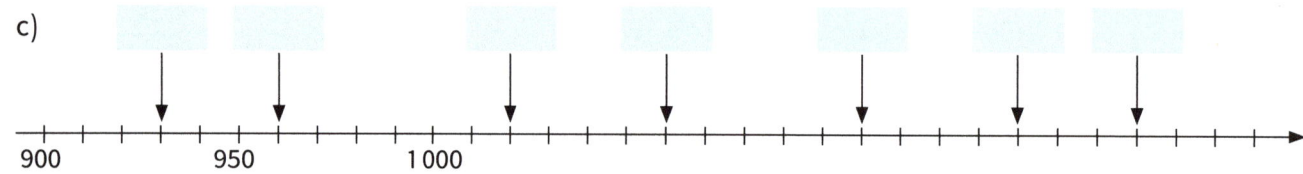

900   950   1 000

5 Ordne die Zahlen der Größe nach. Beginne mit der kleinsten Zahl.

a) 154, 451, 541, 455, 544   *154* < ___ < ___ < ___ < ___

b) 2 020, 2 200, 2 002, 2 202, 2 022   ___ < ___ < ___ < ___ < ___

c) 3 113, 3 131, 3 311, 1 331, 1 133   ___ < ___ < ___ < ___ < ___

d) 7 235, 7 532, 7 352, 7 253, 7 325   ___ < ___ < ___ < ___ < ___

e) 76 789, 7 869, 8 769, 8 679, 689   ___ < ___ < ___ < ___ < ___

6 Die angegebenen Zahlen sind auf Hunderter gerundet. Wie groß können sie vor dem Runden gewesen sein? Gib jeweils vier Möglichkeiten an.

a) 8 400   *8 447* , *8 360* , ___ , ___

b) 41 600   ___ , ___ , ___ ,

c) 14 500   ___ , ___ , ___ ,

d) 11 000   ___ , ___ , ___ ,

7 Gib die kleinste und die größte Zahl an, aus der beim Runden auf Hunderter die angegebene Zahl entstehen kann.

450 < 500 < *549*   d) ___ < 1 300 < ___

a) ___ < 1 500 < ___   e) ___ < 12 100 < ___

b) ___ < 5 900 < ___   f) ___ < 13 900 < ___

c) ___ < 5 000 < ___   g) ___ < 30 000 < ___

Addieren und Subtrahieren mit großen Zahlen

1 Addiere. Rechne erst bis zum vollen Tausender.

$2\,700 + 800 = 2\,700 + 300 + 500 =$
$3\,000 \quad + 500 = 3\,500$

a) $1\,800 + 500 = 1\,800 + 200 +$ _____

b) $2\,700 + 900 =$ _____

c) $7\,700 + 700 =$ _____

d) $5\,800 + 500 =$ _____

2 Subtrahiere. Rechne erst bis zum vollen Tausender.

$2\,400 - 800 = 2\,400 - 400 - 400 =$
$2\,000 - 400 = 1\,600$

a) $3\,500 - 800 = 3\,500 - 500 -$ _____

b) $6\,400 - 700 =$ _____

c) $4\,700 - 900 =$ _____

d) $8\,100 - 500 =$ _____

3 Addiere. Rechne wie im Beispiel.
Entscheide dich für einen Rechenweg.

$2\,600 + 4\,500 = \blacksquare$

1. Rechenweg	**2. Rechenweg**
$2\,600 + 4\,000 = 6\,600$	$2\,600 + 500 = 3\,100$
$6\,600 + 500 = 7\,100$	$3\,100 + 4\,000 = 7\,100$

$2\,600 + 4\,500 = 7\,100$

a) $2\,900 + 3\,500 =$

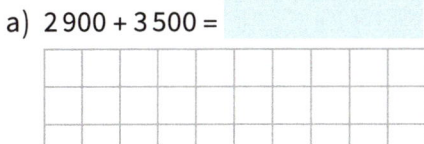

b) $3\,700 + 1\,800 =$

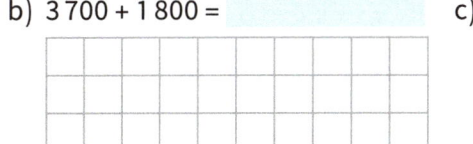

c) $2\,500 + 4\,900 =$

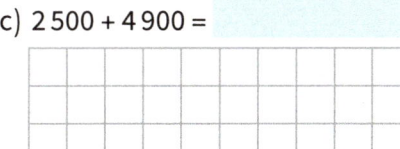

d) $7\,600 + 3\,800 =$

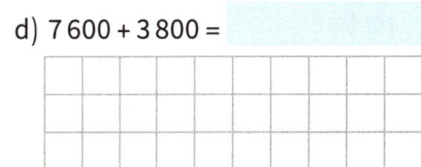

4 Subtrahiere. Rechne wie im Beispiel.
Entscheide dich für einen Rechenweg.

$6\,500 - 3\,700 = \blacksquare$

1. Rechenweg	**2. Rechenweg**
$6\,500 - 3\,000 = 3\,500$	$6\,500 - 700 = 5\,800$
$3\,500 - 700 = 2\,800$	$5\,800 - 3\,000 = 2\,800$

$6\,500 - 3\,700 = 2\,800$

a) $4\,400 - 3\,500 =$

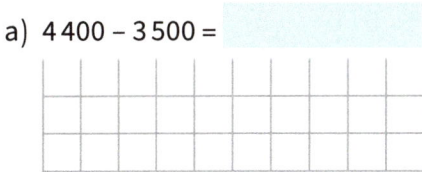

b) $7\,500 - 4\,700 =$

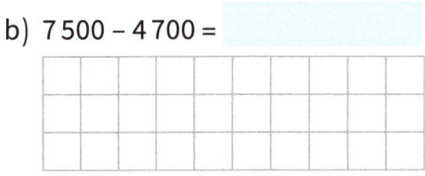

c) $5\,200 - 2\,400 =$

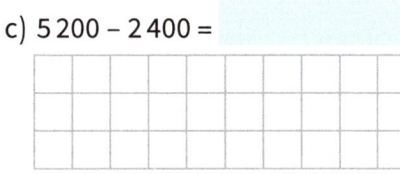

d) $8\,200 - 5\,700 =$

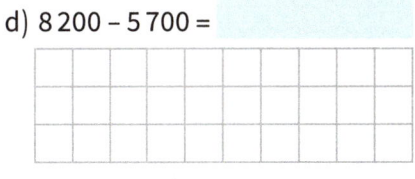

Schriftlich addieren und subtrahieren

1 Addiere schriftlich. Addiere zunächst die Einer, dann die Zehner, dann die Hunderter.

a)
H	Z	E
6	4	5
+ 2	3	4
		9

b)
H	Z	E
5	4	6
+ 4	5	2

c)
H	Z	E
2	7	8
+ 6	0	1

d)
H	Z	E
9	4	7
+	2	2

e)
H	Z	E
3	5	5
+	4	0

f)
H	Z	E
7	3	3
+ 2	3	5

g)
H	Z	E
5	4	0
+ 2	5	1

h)
H	Z	E
1	6	0
+ 8	3	0

i)
H	Z	E
4	6	7
+	3	2

k)
H	Z	E
2	3	3
+	6	0

2 Addiere schriftlich. Erhältst du bei der Addition zweier Stellenwerte eine Zahl größer als 9, verfahre wie im Beispiel und übertrage eine 1 in die nächsthöhere Stelle.

H	Z	E
6	8	7
+ 2	5	6
		1
		3

Einerspalte:
$7 E + 6 E = 13 E$
$= 1 Z + 3 E$
Ich schreibe die 3 in die Einerspalte und übertrage die 1 in die Zehnerspalte.

H	Z	E
6	8	7
+ 2	5	6
	1	1
9	4	3

Zehnerspalte:
$8 Z + 5 Z + 1 Z = 14 Z$
$= 1 H + 4 Z$
Ich schreibe die 4 in die Zehnerspalte und übertrage die 1 in die Hunderterspalte.

a)
4	3	5
+ 3	2	7
	1	
	2	

b)
3	8	6
+ 5	4	5
	1	
	1	

c)
6	7	5
+ 8	0	1

d)
6	8	4
+	9	2

e)
4	7	5
+	6	0

f)
4	5	7
+ 2	7	8
1	1	
3	5	

g)
6	4	9
+ 7	3	5
	1	
	4	

h)
4	8	7
+ 8	5	1

i)
5	4	8
+	8	4

k)
2	6	5
+	3	8

3 Addiere schriftlich. Schreibe Einer unter Einer, Zehner unter Zehner, Hunderter unter Hunderter.

a) 324 + 455

3	2	4
+ 4	5	5

b) 623 + 75

6	2	3
+		

c) 503 + 180

+		

d) 65 + 821

+		

WES-172494-002

4 Subtrahiere schriftlich. Beginne mit dem Abziehen oder Ergänzen bei den Einern.

a)
H	Z	E
9	7	8
− 3	5	6
		2

b)
H	Z	E
8	6	3
− 6	5	1

c)
H	Z	E
2	8	5
−	4	4

d)
H	Z	E
9	7	5
− 6	0	5

e)
H	Z	E
3	4	7
−	4	7

f)
H	Z	E
8	7	4
− 2	6	2
		2

g)
H	Z	E
6	7	5
−	4	3	1

h)
H	Z	E
9	8	7
−	5	4

i)
H	Z	E
9	6	3
− 5	0	3

k)
H	Z	E
9	4	6
−	4	6

5 Subtrahiere schriftlich. Kannst du bei einer Stelle nicht abziehen oder ergänzen, verfahre wie im Beispiel und mache einen Übertrag aus der nächsthöheren Stelle.

H	Z	E
6	4	5
− 2	6	9
		1
		6

Einerspalte:
5 − 9 = ▨ oder 9 + ▨ = 5
geht nicht !
5 E + 1 Z = 15 E
6 Abziehen: 15 E − 9 E = 6 E
Ergänzen: 9 E + 6 E = 15 E
Ich schreibe die 6 in die Einerspalte und subtrahiere 1 in der Zehnerspalte.

H	Z	E
6	4	5
− 2	6	9
1	1	
3	7	6

Zehnerspalte:
4 − 6 − 1 = ▨ oder 6 + 1 + ▨ = 4
geht nicht !
4 Z + 1 H = 14 Z
Abziehen: 14 Z − 6 Z − 1 Z = 7 Z
Ergänzen: 1 Z + 6 Z + 7 Z = 14 Z
Ich schreibe die 7 in die Zehnerspalte und subtrahiere 1 in der Hunderterspalte.

a)
H	Z	E
7	5	3
− 3	2	7
	1	
		6

b)
H	Z	E
7	3	5
− 2	4	1

c)
H	Z	E
8	6	3
− 8	0	5

d)
H	Z	E
7	7	6
−	8	2

e)
H	Z	E
9	0	3
− 8	9	2

f)
H	Z	E
5	4	2
− 3	6	7
1	1	
	7	5

g)
H	Z	E
8	3	6
− 4	3	8
1	1	
		8

h)
H	Z	E
8	5	6
− 6	7	9

i)
H	Z	E
1	5	7
−	8	8

k)
H	Z	E
2	5	4
−	5	8

6 Subtrahiere schriftlich. Schreibe Einer unter Einer, Zehner unter Zehner, Hunderter unter Hunderter. Beginne mit dem Abziehen oder Ergänzen bei den Einern.

a) 778 − 455   b) 875 − 674   c) 938 − 907   d) 487 − 77

a)
	7	7	8
−	4	5	5
			3

b)
−		

c)
−		

d)
−		

Schriftlich addieren und subtrahieren

7 Überschlage zuerst, rechne dann genau. Denke an die Überträge.

453 + 467 = ▪
Überschlag: 500 + 500 = 1 000
```
   453
 + 467
   1 1
 ─────
   920
```
453 + 467 = 920

a) 655 + 378 =

Ü:

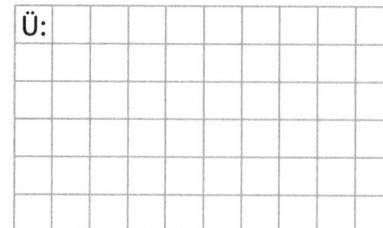

b) 459 + 765 =

Ü:

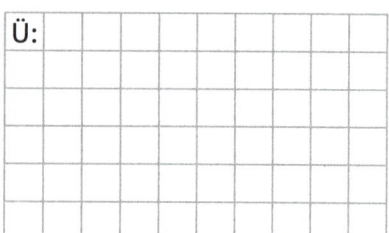

c) 1 473 + 266 =

Ü:

d) 2 060 + 398 =

Ü:

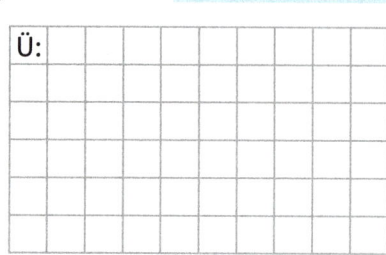

e) 596 + 1 607 =

Ü:

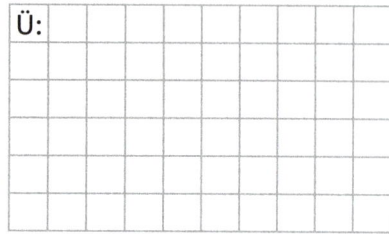

f) 900 + 2 780 =

Ü:

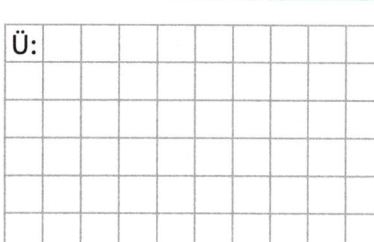

g) 1 888 + 900 =

Ü:

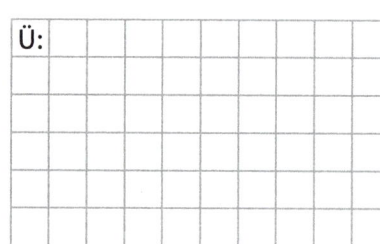

h) 3 086 + 2 540 =

Ü:

8 Überschlage zuerst, rechne dann genau. Denke an die Überträge.

723 − 487 = ▪
Überschlag: 700 − 500 = 200
```
   723
 − 487
   1 1
 ─────
   236
```
723 − 487 = 236

a) 645 − 278 =

Ü:

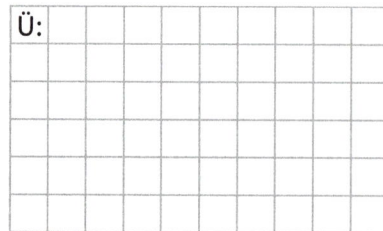

b) 449 − 165 =

Ü:

c) 1 173 − 266 =

Ü:

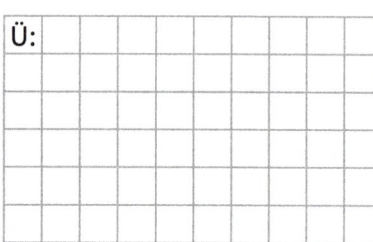

d) 2 040 − 588 =

Ü:

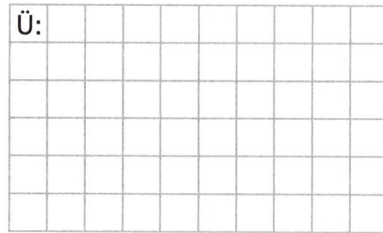

e) 1 504 − 1 007 =

Ü:

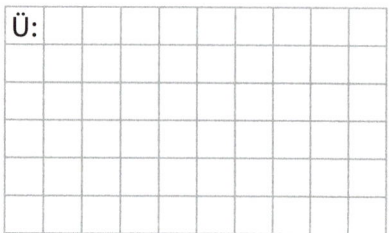

Auf dieser Seite findest du Aufgaben zum Kopfrechnen. Damit kannst du deine Konzentrationsfähigkeit trainieren.

Am besten lässt du dir die Aufgaben von einem Partner vorlesen, der dann auch das Endergebnis notiert.

Das Ergebnis einer Teilaufgabe ist immer die Anfangszahl der nächsten Teilaufgabe.

$$33$$
$$+ 8 = 41$$
$$41 - 5 = 36$$
$$36 + 7 = 43$$

1

12
+ 6
+ 8
+ 9
+ 7
+ 5
+ 2
+ 4
+ 3
= ____

2

27
+ 6
+ 5
+ 9
+ 3
+ 4
+ 8
+ 7
+ 2
= ____

3

45
– 6
– 8
– 9
– 7
– 5
– 2
– 4
– 3
= ____

4

77
– 7
– 5
– 8
– 6
– 3
– 7
– 2
– 3
= ____

5

42
+ 6
– 8
+ 9
– 7
– 5
+ 8
+ 4
+ 3
= ____

6

36
+ 7
– 5
+ 9
– 6
– 4
+ 8
+ 4
+ 3
= ____

7

65
+ 6
– 9
+ 3
– 7
– 6
+ 9
+ 2
+ 3
= ____

8

27
+ 8
– 9
+ 5
– 6
– 7
+ 5
+ 3
– 9
= ____

9

102
+ 5
– 8
+ 9
– 7
– 6
+ 3
– 9
+ 3
= ____

10

56
+ 12
– 18
+ 19
– 17
– 15
+ 18
+ 14
– 13
= ____

Multiplizieren

1 Berechne alle Aufgaben zum kleinen Einmaleins. Lerne die vollständigen Aufgaben auswendig, nicht nur die Ergebnisse.

a) $1 \cdot 1 =$ b) $1 \cdot 2 =$ c) $1 \cdot 3 =$ d) $1 \cdot 4 =$ e) $1 \cdot 5 =$

$2 \cdot 1 =$ $2 \cdot 2 =$ $2 \cdot 3 =$ $2 \cdot 4 =$ $2 \cdot 5 =$

$3 \cdot 1 =$ $3 \cdot 2 =$ $3 \cdot 3 =$ $3 \cdot 4 =$ $3 \cdot 5 =$

$4 \cdot 1 =$ $4 \cdot 2 =$ $4 \cdot 3 =$ $4 \cdot 4 =$ $4 \cdot 5 =$

$5 \cdot 1 =$ $5 \cdot 2 =$ $5 \cdot 3 =$ $5 \cdot 4 =$ $5 \cdot 5 =$

$6 \cdot 1 =$ $6 \cdot 2 =$ $6 \cdot 3 =$ $6 \cdot 4 =$ $6 \cdot 5 =$

$7 \cdot 1 =$ $7 \cdot 2 =$ $7 \cdot 3 =$ $7 \cdot 4 =$ $7 \cdot 5 =$

$8 \cdot 1 =$ $8 \cdot 2 =$ $8 \cdot 3 =$ $8 \cdot 4 =$ $8 \cdot 5 =$

$9 \cdot 1 =$ $9 \cdot 2 =$ $9 \cdot 3 =$ $9 \cdot 4 =$ $9 \cdot 5 =$

$10 \cdot 1 =$ $10 \cdot 2 =$ $10 \cdot 3 =$ $10 \cdot 4 =$ $10 \cdot 5 =$

f) $1 \cdot 6 =$ g) $1 \cdot 7 =$ h) $1 \cdot 8 =$ i) $1 \cdot 9 =$ k) $1 \cdot 10 =$

$2 \cdot 6 =$ $2 \cdot 7 =$ $2 \cdot 8 =$ $2 \cdot 9 =$ $2 \cdot 10 =$

$3 \cdot 6 =$ $3 \cdot 7 =$ $3 \cdot 8 =$ $3 \cdot 9 =$ $3 \cdot 10 =$

$4 \cdot 6 =$ $4 \cdot 7 =$ $4 \cdot 8 =$ $4 \cdot 9 =$ $4 \cdot 10 =$

$5 \cdot 6 =$ $5 \cdot 7 =$ $5 \cdot 8 =$ $5 \cdot 9 =$ $5 \cdot 10 =$

$6 \cdot 6 =$ $6 \cdot 7 =$ $6 \cdot 8 =$ $6 \cdot 9 =$ $6 \cdot 10 =$

$7 \cdot 6 =$ $7 \cdot 7 =$ $7 \cdot 8 =$ $7 \cdot 9 =$ $7 \cdot 10 =$

$8 \cdot 6 =$ $8 \cdot 7 =$ $8 \cdot 8 =$ $8 \cdot 9 =$ $8 \cdot 10 =$

$9 \cdot 6 =$ $9 \cdot 7 =$ $9 \cdot 8 =$ $9 \cdot 9 =$ $9 \cdot 10 =$

$10 \cdot 6 =$ $10 \cdot 7 =$ $10 \cdot 8 =$ $10 \cdot 9 =$ $10 \cdot 10 =$

Multiplizieren: Faktor mal Faktor gleich Produkt

$$7 \cdot 9 = 63$$

2 Schreibe die Rechenaufgabe auf und bestimme das Ergebnis.

Multipliziere die Zahlen 6 und 8.
$6 \cdot 8 = 48$

a) Bestimme das Produkt aus 5 und 7.

b) Der 1. Faktor ist 5, der 2. Faktor 9.

_____

_____

3 Bestimme das Produkt.

a) $7 \cdot 2 =$ 　　b) $6 \cdot 2 =$ 　　c) $9 \cdot 3 =$ 　　d) $8 \cdot 4 =$ 　　e) $7 \cdot 7 =$

　　$8 \cdot 3 =$ 　　　　$3 \cdot 4 =$ 　　　　$2 \cdot 9 =$ 　　　　$9 \cdot 7 =$ 　　　　$8 \cdot 7 =$

　　$5 \cdot 4 =$ 　　　　$7 \cdot 9 =$ 　　　　$3 \cdot 5 =$ 　　　　$8 \cdot 6 =$ 　　　　$9 \cdot 9 =$

　　$7 \cdot 6 =$ 　　　　$6 \cdot 8 =$ 　　　　$4 \cdot 7 =$ 　　　　$6 \cdot 5 =$ 　　　　$5 \cdot 9 =$

　　$5 \cdot 8 =$ 　　　　$8 \cdot 5 =$ 　　　　$3 \cdot 3 =$ 　　　　$9 \cdot 8 =$ 　　　　$8 \cdot 8 =$

　　$6 \cdot 9 =$ 　　　　$6 \cdot 7 =$ 　　　　$6 \cdot 4 =$ 　　　　$6 \cdot 6 =$ 　　　　$4 \cdot 4 =$

f) $7 \cdot 3 =$ 　　g) $2 \cdot 7 =$ 　　h) $4 \cdot 8 =$ 　　i) $3 \cdot 9 =$ 　　k) $4 \cdot 3 =$

　　$8 \cdot 2 =$ 　　　　$9 \cdot 5 =$ 　　　　$7 \cdot 5 =$ 　　　　$5 \cdot 6 =$ 　　　　$2 \cdot 5 =$

　　$8 \cdot 9 =$ 　　　　$3 \cdot 7 =$ 　　　　$3 \cdot 8 =$ 　　　　$9 \cdot 2 =$ 　　　　$2 \cdot 6 =$

　　$4 \cdot 9 =$ 　　　　$7 \cdot 4 =$ 　　　　$7 \cdot 8 =$ 　　　　$9 \cdot 4 =$ 　　　　$4 \cdot 2 =$

　　$3 \cdot 6 =$ 　　　　$5 \cdot 7 =$ 　　　　$5 \cdot 5 =$ 　　　　$5 \cdot 3 =$ 　　　　$5 \cdot 2 =$

　　$9 \cdot 6 =$ 　　　　$6 \cdot 3 =$ 　　　　$4 \cdot 6 =$ 　　　　$4 \cdot 5 =$ 　　　　$3 \cdot 2 =$

4 Bestimme den fehlenden Faktor.

a) $3 \cdot \quad = 12$ 　　b) $7 \cdot \quad = 28$ 　　c) $\quad \cdot 5 = 35$ 　　d) $\quad \cdot 4 = 36$ 　　e) $\quad \cdot 9 = 54$

　　$\quad \cdot 4 = 28$ 　　　　$\quad \cdot 5 = 40$ 　　　　$3 \cdot \quad = 24$ 　　　　$2 \cdot \quad = 16$ 　　　　$8 \cdot \quad = 48$

　　$8 \cdot \quad = 32$ 　　　　$3 \cdot \quad = 27$ 　　　　$8 \cdot \quad = 72$ 　　　　$8 \cdot \quad = 32$ 　　　　$\quad \cdot 3 = 24$

　　$\quad \cdot 7 = 63$ 　　　　$\quad \cdot 6 = 54$ 　　　　$\quad \cdot 3 = 18$ 　　　　$\quad \cdot 6 = 42$ 　　　　$4 \cdot \quad = 12$

　　$6 \cdot \quad = 48$ 　　　　$\quad \cdot 3 = 21$ 　　　　$8 \cdot \quad = 64$ 　　　　$9 \cdot \quad = 63$ 　　　　$\quad \cdot 9 = 45$

　　$\quad \cdot 8 = 56$ 　　　　$5 \cdot \quad = 15$ 　　　　$\quad \cdot 5 = 45$ 　　　　$\quad \cdot 3 = 18$ 　　　　$5 \cdot \quad = 20$

　　$9 \cdot \quad = 36$ 　　　　$\quad \cdot 2 = 18$ 　　　　$6 \cdot \quad = 54$ 　　　　$7 \cdot \quad = 56$ 　　　　$\quad \cdot 6 = 36$

5 Bestimme beide Faktoren. Manchmal gib es mehrere Möglichkeiten.

a) $\quad \cdot \quad = 7$ 　　b) $\quad \cdot \quad = 15$ 　　c) $\quad \cdot \quad = 21$ 　　d) $\quad \cdot \quad = 25$ 　　e) $\quad \cdot \quad = 27$

　　$\quad \cdot \quad = 35$ 　　　　$\quad \cdot \quad = 42$ 　　　　$\quad \cdot \quad = 45$ 　　　　$\quad \cdot \quad = 49$ 　　　　$\quad \cdot \quad = 50$

　　$\quad \cdot \quad = 30$ 　　　　$\quad \cdot \quad = 48$ 　　　　$\quad \cdot \quad = 56$ 　　　　$\quad \cdot \quad = 64$ 　　　　$\quad \cdot \quad = 72$

　　$\quad \cdot \quad = 81$ 　　　　$\quad \cdot \quad = 36$ 　　　　$\quad \cdot \quad = 24$ 　　　　$\quad \cdot \quad = 100$ 　　　　$\quad \cdot \quad = 70$

Dividieren

1 Bestimme die fehlende Zahl wie im Beispiel.

56 : 7 = 8, denn 7 · 8 = 56

a) 54 : 6 =   , denn 6 ·   = 54

    36 : 4 =   , denn 4 ·   = 36

    28 : 7 =   , denn 7 ·   = 28

    42 : 6 =   , denn 6 ·   = 42

    24 : 8 =   , denn 8 ·   = 24

b) 49 : 7 =   , denn 7 ·   = 49

    63 : 9 =   , denn 9 ·   = 63

    18 : 3 =   , denn 3 ·   = 18

    32 : 4 =   , denn 4 ·   = 32

    72 : 9 =   , denn 9 ·   = 72

Dividieren:	Dividend	geteilt durch	Divisor	gleich	Quotient
	42	:	6	=	7

2 Schreibe die Rechenaufgabe auf und bestimme das Ergebnis.

Dividiere die Zahlen 56 durch 8.
56 : 8 = 7

a) Bestimme den Quotienten aus 45 und 5.

_____

b) Der Dividend ist 25, der Divisor 5.

_____

3 Dividiere.

a) 24 : 3 =
    64 : 8 =
    21 : 3 =
    25 : 5 =
    45 : 9 =

b) 27 : 3 =
    12 : 4 =
    35 : 5 =
    48 : 6 =
    54 : 9 =

c) 81 : 9 =
    20 : 5 =
    42 : 7 =
    48 : 8 =
    27 : 9 =

d) 14 : 7 =
    28 : 4 =
    63 : 7 =
    18 : 6 =
    16 : 4 =

e) 42 : 7 =
    21 : 7 =
    36 : 9 =
    56 : 7 =
    72 : 8 =

f) 24 : 6 =
    20 : 4 =
    40 : 8 =
    12 : 6 =
    20 : 4 =

g) 30 : 5 =
    36 : 6 =
    32 : 8 =
    18 : 9 =
    9 : 3 =

h) 24 : 4 =
    14 : 2 =
    28 : 4 =
    8 : 4 =
    18 : 9 =

i) 45 : 5 =
    16 : 2 =
    40 : 5 =
    30 : 6 =
    15 : 3 =

k) 16 : 4 =
    35 : 7 =
    16 : 8 =
    12 : 3 =
    15 : 5 =

4 Bestimme die fehlenden Zahlen.

a)   : 9 = 7
             : 6 = 8
             : 8 = 4
             : 7 = 8

b) 42 :   = 6
    18 :   = 3
    21 :   = 7
    24 :   = 3

c)   : 8 = 8
             : 5 = 9
             : 9 = 6
             : 8 = 9

d) 54 :   = 9
    27 :   = 3
    56 :   = 8
    81 :   = 9

e)   : 4 = 9
             : 6 = 5
             : 3 = 8
             : 7 = 6

1 Multipliziere.

Tausender					
HT	ZT	T	H	Z	E
					8
				8	0
			8	0	0
		8	0	0	0

$8 \cdot 1 = 8$ $8 \cdot 1\,E = 8\,E$

$8 \cdot 10 = 80$ $8 \cdot 1\,Z = 8\,Z$

$8 \cdot 100 = 800$ $8 \cdot 1\,H = 8\,H$

$8 \cdot 1000 = 8000$ $8 \cdot 1\,T = 8\,T$

a) $6 \cdot 10 =$

 $5 \cdot 100 =$

 $16 \cdot 100 =$

 $21 \cdot 1000 =$

b) $9 \cdot 600 =$

 $1000 \cdot 4 =$

 $10 \cdot 13 =$

 $1000 \cdot 12 =$

c) $8 \cdot 1000 =$

 $100 \cdot 4 =$

 $28 \cdot 100 =$

 $81 \cdot 1000 =$

2 Multipliziere.

Tausender					
HT	ZT	T	H	Z	E
				5	6
			5	6	0
		5	6	0	0
	5	6	0	0	0

$8 \cdot 7 = 56$ $8 \cdot 7\,E = 56\,E = 5\,Z\,6\,E$

$8 \cdot 70 = 560$ $8 \cdot 7\,Z = 56\,Z = 5\,H\,6\,Z$

$8 \cdot 700 = 5600$ $8 \cdot 7\,H = 56\,H = 5\,T\,6\,H$

$8 \cdot 7000 = 56000$ $8 \cdot 7\,T = 56\,T = 5\,ZT\,6\,T$

a) $6 \cdot 7 =$

 $6 \cdot 70 =$

 $6 \cdot 700 =$

 $6 \cdot 7000 =$

b) $9 \cdot 6 =$

 $90 \cdot 6 =$

 $900 \cdot 6 =$

 $9000 \cdot 6 =$

c) $8 \cdot 4 =$

 $8 \cdot 40 =$

 $8 \cdot 400 =$

 $8 \cdot 4000 =$

d) $7 \cdot 9 =$

 $70 \cdot 9 =$

 $700 \cdot 9 =$

 $7000 \cdot 9 =$

e) $12 \cdot 4 =$

 $120 \cdot 4 =$

 $1200 \cdot 4 =$

 $12000 \cdot 4 =$

f) $13 \cdot 5 =$

 $13 \cdot 50 =$

 $13 \cdot 500 =$

 $13 \cdot 5000 =$

3 Multipliziere. Achte auf die Anzahl der Endnullen.

a) $50 \cdot 70 =$

 $300 \cdot 700 =$

 $6000 \cdot 40 =$

b) $900 \cdot 6 =$

 $70 \cdot 600 =$

 $500 \cdot 800 =$

c) $8000 \cdot 30 =$

 $900 \cdot 40 =$

 $3000 \cdot 7000 =$

Große Zahlen multiplizieren

4 Bestimme den fehlenden Faktor.

a) $6 \cdot$ _____ $= 6\,000$

$23 \cdot$ _____ $= 2\,300$

_____ $\cdot 80 = 8\,000$

_____ $\cdot 190 = 1\,900$

b) $91 \cdot$ _____ $= 91\,000$

$123 \cdot$ _____ $= 12\,300$

_____ $\cdot 104 = 1\,040$

_____ $\cdot 1\,020 = 102\,000$

c) $813 \cdot$ _____ $= 81\,300$

$1\,040 \cdot$ _____ $= 1\,040\,000$

_____ $\cdot 400 = 400\,000$

_____ $\cdot 6\,010 = 60\,100$

5 Bestimme den fehlenden Faktor.

a) $30 \cdot$ _____ $= 6\,000$

$200 \cdot$ _____ $= 8\,000$

_____ $\cdot 700 = 63\,000$

_____ $\cdot 90 = 81\,000$

$900 \cdot$ _____ $= 450\,000$

$7\,000 \cdot$ _____ $= 420\,000$

b) $900 \cdot$ _____ $= 27\,000$

$120 \cdot$ _____ $= 60\,000$

_____ $\cdot 500 = 250\,000$

_____ $\cdot 50 = 40\,000$

$800 \cdot$ _____ $= 72\,000$

$600 \cdot$ _____ $= 300\,000$

c) $90 \cdot$ _____ $= 81\,000$

$700 \cdot$ _____ $= 28\,000$

_____ $\cdot 700 = 630\,000$

_____ $\cdot 7\,000 = 56\,000$

$1\,200 \cdot$ _____ $= 60\,000$

$250 \cdot$ _____ $= 100\,000$

6 Finde Multiplikationsaufgaben zu diesen Produkten wie im Beispiel.

$36\,000 = 36 \cdot 1\,000 = 3\,600 \cdot 10 = 900 \cdot 40 = 9\,000 \cdot 4 = 600 \cdot 60 = 120 \cdot 300 = 1\,800 \cdot 20$

a) $60\,000 =$ _____

b) $24\,000 =$ _____

c) $27\,000 =$ _____

d) $45\,000 =$ _____

e) $200\,000 =$ _____

f) $180\,000 =$ _____

7 Rechne halbschriftlich wie im Beispiel.

$\underline{256 \cdot 3 = 768}$
$200 \cdot 3 = 600$
$50 \cdot 3 = 150$
$6 \cdot 3 = 18$

a) $617 \cdot 3 =$

b) $426 \cdot 7 =$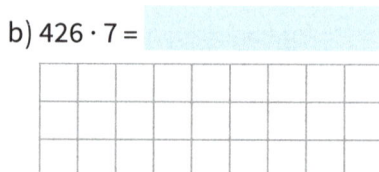

c) $583 \cdot 4 =$

e) $276 \cdot 8 =$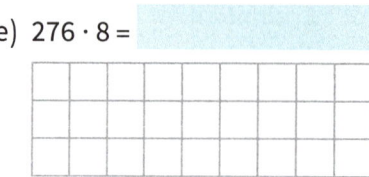

f) $339 \cdot 6 =$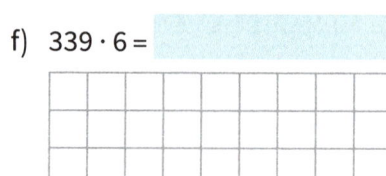

WES-172494-003

1 Multipliziere schriftlich wie im Beispiel. Beginne mit der Einerziffer. Achte auf die Nullen.

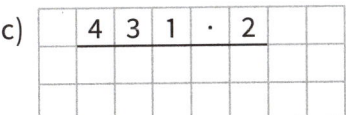

H	Z	E		
1	2	3	·	3
	3	6	9	

3 · 3 E = 9 E
3 · 2 Z = 6 Z
3 · 1 H = 3 H

a) 4 2 3 · 2

b) 2 0 3 · 3

c) 4 3 1 · 2

d) 3 3 1 · 3

e) 1 3 2 · 3

2 Multipliziere schriftlich. Denke an den Übertrag.

H	Z	E		
3	1	7	·	5
	.	.	5	

5 · 7 E = 35 E
= 3 Z 5 E
Schreibe 5 und merke dir die 3 Zehner für die Zehnerstelle.

3	1	7	·	5
	.	8	5	

5 · 1 Z = 5 Z
5 Z + 3 Z = 8 Z
Schreibe 8 in die Zehnerstelle.

3	1	7	·	5
1	5	8	5	

5 · 3 H = 15 H
= 1 T 5 H
Schreibe 5 in die Hunderterstelle und 1 in die Tausenderstelle.

a) 2 1 8 · 3

b) 4 1 8 · 4

c) 2 1 7 · 5

d) 4 5 8 · 4

e) 2 6 7 · 5

f) 9 3 8 · 7

g) 3 2 4 5 · 4

h) 4 7 1 5 · 6

3 Multipliziere wie im Beispiel den ersten Faktor nacheinander mit den einzelnen Stellen des zweiten Faktors. Beginne mit der Zehnerstelle.

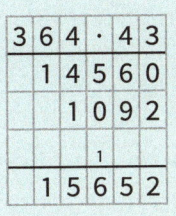

H	Z	E		
3	6	4	·	4 3
	.	.	6	0
	.	.	.	.

4 Z · 4 E = 16 Z
= 1 H 6 Z
Schreibe 6 unter die 4, ergänze 0 unter der 3 und merke dir die 1 für die Hundertestelle.

3	6	4	·	4 3
1	4	5	6	0
	.	.	.	.

Multipliziere vollständig mit der Zehnerstelle.

3	6	4	·	4 3
1	4	5	6	0
	1	0	9	2
		1		
1	5	6	5	2

Multipliziere dann vollständig mit der Einerstelle. Schreibe die Zwischenergebnisse stellengerecht untereinander und addiere.

a) 4 5 8 · 4 2 ... 2 0

b) 4 3 6 · 3 4 ... 0

c) 4 7 3 · 5 2 ... 0

d) 6 3 5 · 6 1

e) 3 7 5 · 3 8

f) 1 2 5 9 · 2 7

Schriftlich multiplizieren

4 Multipliziere wie im Beispiel den ersten Faktor nacheinander mit den einzelnen Stellen des zweiten Faktors. Beginne mit der höchsten Stelle des zweiten Faktors. Schreibe die Zwischenergebnisse stellengerecht untereinander.

a)
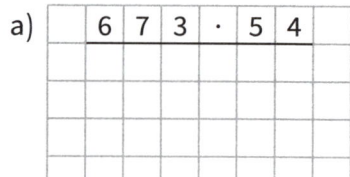

b)
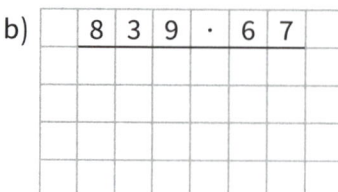

c)
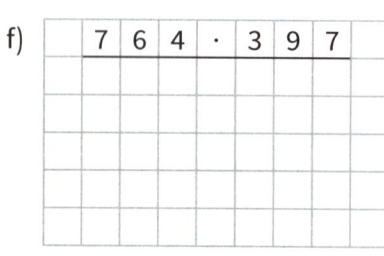

d)
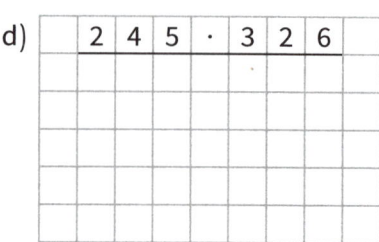

e)
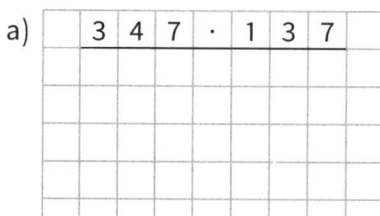

f)
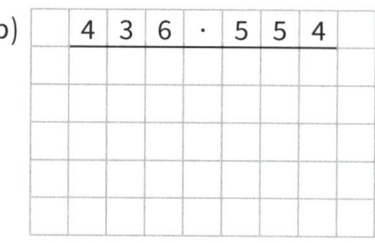

5 Multipliziere schriftlich. Schreibe die Zwischenergebnisse stellengerecht untereinander. Du kannst bei den Zwischenergebnissen Endnullen auch weglassen.

```
3 6 4 · 6 4 3
    2 1 8 4
      1 4 5 6
        1 0 9 2
      ₁ ₁ ₁
    2 3 4 0 5 2
```

a)
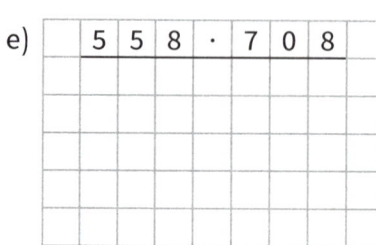

b)

c)
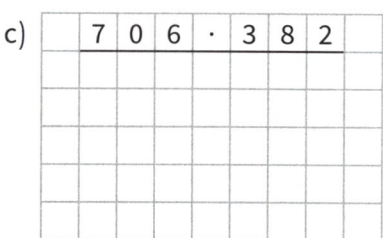

d)
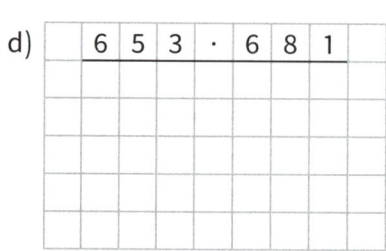

e)
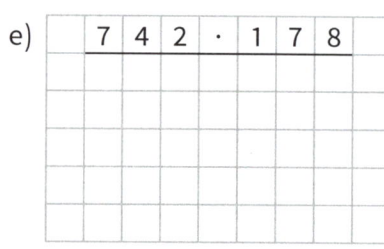

6 Überschlage zuerst, rechne dann genau. Denke an die Überträge.

```
  487 · 628 = ▦

Überschlag: 500 · 600 = 300 000

    4 8 7 · 6 2 8
    2 9 2 2
      9 7 4
      3 8 9 6
    ₁ ₁ ₁
    3 0 5 8 3 6

  487 · 628 = 305 836
```

a) 930 · 454 =

Ü:

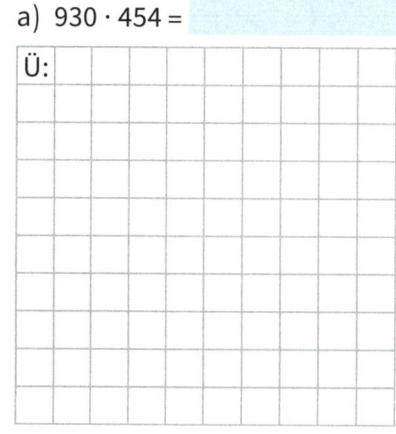

b) 876 · 539 =

Ü:

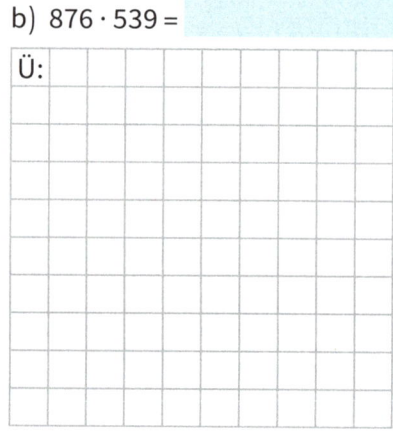

1 Dividiere. Schreibe auch die Umkehraufgabe dazu.

8 000 : 1 = 8 000, denn	8 000 · 1 = 8 000
8 000 : 10 = 800, denn	800 · 10 = 8 000
8 000 : 100 = 80, denn	80 · 100 = 8 000
8 000 : 1 000 = 8, denn	8 · 1 000 = 8 000

a) 5 000 : 10 = ____ , denn ____ · 10 = 5 000

9 000 : 100 = ____ , denn ____ · 100 = 9 000

700 : 10 = ____ , denn ____ · 10 = 700

4 000 : 1 000 = ____ , denn ____ · 1 000 = 4 000

b) 60 000 : 100 = ____ , denn ____ · 100 = 60 000

20 000 : 10 = ____ , denn ____ · 10 = 20 000

45 000 : 1 000 = ____ , denn ____ · 1 000 = 45 000

19 000 : 100 = ____ , denn ____ · 100 = 19 000

2 Dividiere wie im Beispiel.   32 000 : 800 = 40, denn 40 · 800 = 32 000

a) 6 300 : 70 = ____ , denn ____ · 70 = 6 300

8 100 : 900 = ____ , denn ____ · 900 = 8 100

4 800 : 60 = ____ , denn ____ · 60 = 4 800

4 200 : 600 = ____ , denn ____ · 600 = 4 200

b) 64 000 : 800 = ____ , denn ____ · 800 = 64 000

25 000 : 50 = ____ , denn ____ · 50 = 25 000

45 000 : 1 500 = ____ , denn ____ · 1 500 = 45 000

19 000 : 10 = ____ , denn ____ · 10 = 19 000

3 Bei der Division großer Zahlen ändert sich der Quotient (das Ergebnis) nicht, wenn du bei Dividend und Divisor gleich viele Endnullen weglässt.
Vereinfache die Divisionsaufgabe wie im Beispiel, indem du möglichst viele Endnullen weglässt. Dividiere dann.

420 000 : 70 000 = 6
42 000 : 7 000 = 6
4 200 : 700 = 6
420 : 70 = 6
42 : 7 = 6

| 3 600 : 90 = 360 : 9 = 40 | 12 000 : 800 = 120 : 8 = 15 | 140 000 : 7 000 = 140 : 7 = 20 |

a) 35 000 : 700   = _____

18 000 : 300   = _____

30 000 : 6 000 = _____

5 400 : 90   = _____

b) 160 000 : 4 000 = _____

12 500 : 500   = _____

48 000 : 1 200 = _____

42 000 : 1 400 = _____

c) 45 000 : 1 500 = _____

39 000 : 300   = _____

72 000 : 800   = _____

63 000 : 700   = _____

d) 280 000 : 7 000 = _____

56 000 : 8 000 = _____

48 000 : 120   = _____

400 000 : 2 000 = _____

Schriftlich dividieren

WES-172494-004

1 Rechne halbschriftlich wie im Beispiel.

$$756 : 3 = 252$$
$$600 : 3 = 200$$
$$150 : 3 = 50$$
$$6 : 3 = 2$$

a) $657 : 3 =$

b) $456 : 4 =$

c) $1296 : 4 =$

d) $2275 : 5 =$

e) $3450 : 6 =$

2 Dividiere schriftlich wie im Beispiel.

H	Z	E			H	Z	E
8	5	8	:	6	=	1	

8H : 6 = 1H Rest 2H
$1 \cdot 6 = 6$
$8 - 6 = 2$

5Z kommen dazu.
25Z : 6 = 4Z Rest 1Z
$4 \cdot 6 = 24$
$25 - 24 = 1$

8E kommen dazu.
18E : 6 = 3E
$3 \cdot 6 = 24$
$18 - 18 = 0$

a) $9\ 3\ 8\ :\ 7\ =$

b) $2\ 4\ 0\ 3\ :\ 9\ =$

c) $2\ 9\ 1\ 2\ :\ 8\ =$

d) $3\ 9\ 4\ 2\ :\ 6\ =$

e) $2\ 7\ 1\ 2\ :\ 4\ =$

3 Überschlage erst, rechne dann genau. Achte auf die Nullen.

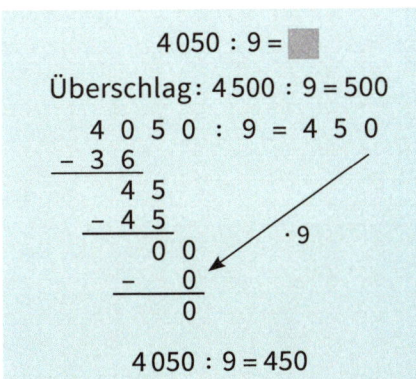

a) 2 280 : 3 =

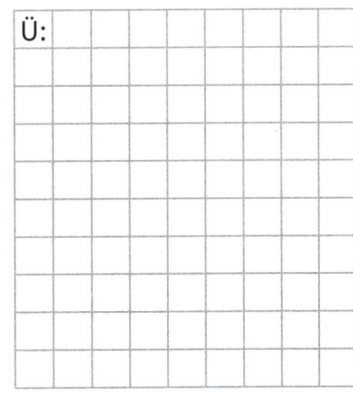

b) 43 380 : 4 =

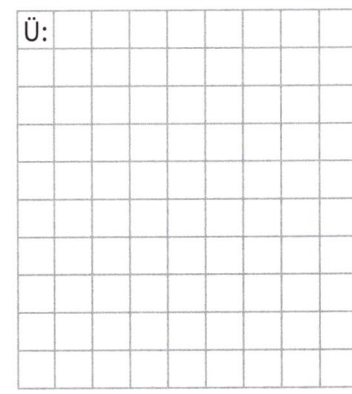

c) 5 110 : 7 =

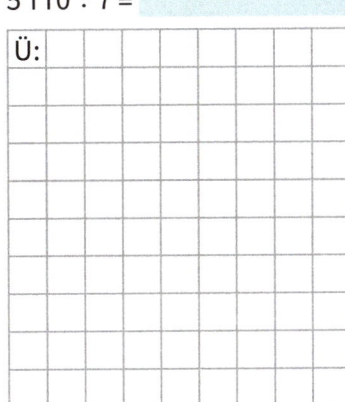

d) 4 640 : 8 =

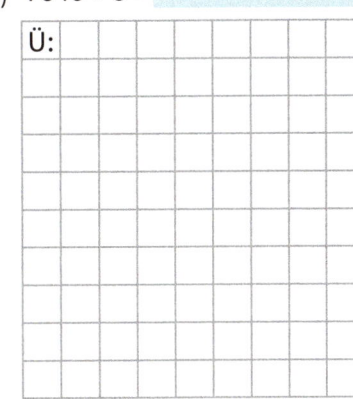

e) 6 210 : 9 =

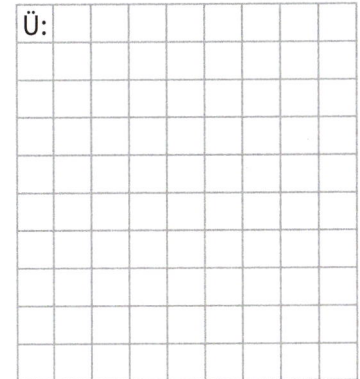

4 Dividiere schriftlich. Die Probe hilft dir, keine Stelle zu vergessen.

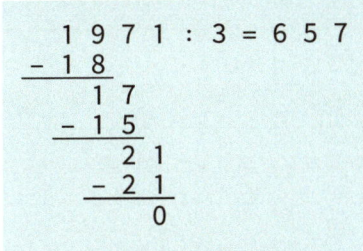

a) 7 7 1 : 3 =

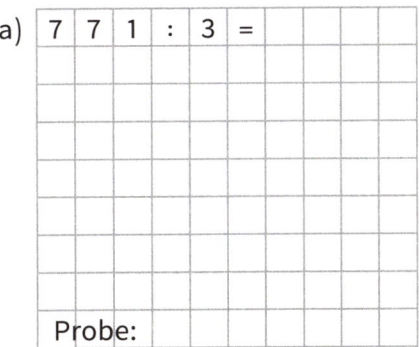

b) 1 8 5 4 : 6 =

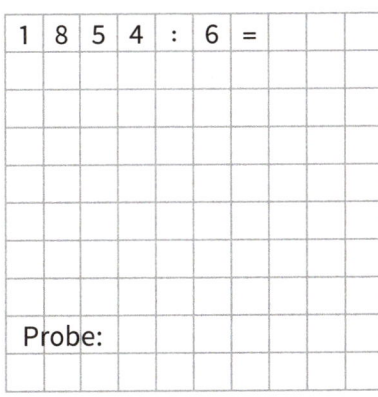

c) 6 9 6 0 : 8 =

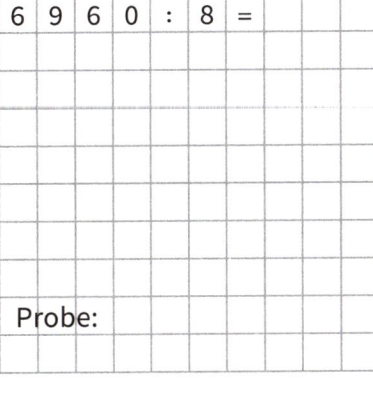

d) 2 7 4 5 : 5 =

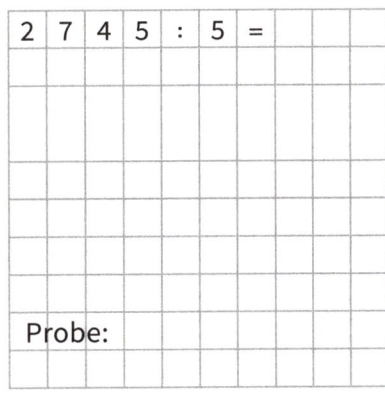

e) 7 1 1 0 : 9 =

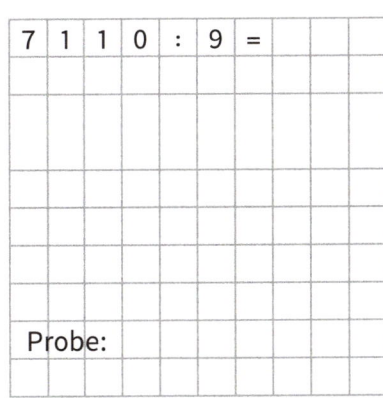

Schriftlich dividieren

5 Nutze wie im Beispiel die 12er–Reihe zum Dividieren.

$1 \cdot 12 = 12$
$2 \cdot 12 = 24$
$3 \cdot 12 = 36$
$4 \cdot 12 = 48$
$5 \cdot 12 = 60$
$6 \cdot 12 = 72$
$7 \cdot 12 = 84$
$8 \cdot 12 = 96$
$9 \cdot 12 = 108$

```
6564 : 12 = 547
- 60
   56
  - 48
    84
   - 84
     0
```

a) 3 4 4 4 : 1 2 =

b) 4 3 9 2 : 1 2 =

c) 6 1 2 0 : 1 2 =

d) 8 5 4 4 : 1 2 =

6 Schreibe die 13er– und die 14er–Reihe auf und nutze sie zum Dividieren.

$1 \cdot 1 3 = 1 3$ $1 \cdot 1 4 = 1 4$
$2 \cdot$
$3 \cdot$
$4 \cdot$
$5 \cdot$
$6 \cdot$

a) 5 8 8 9 : 1 3 =

b) 7 4 8 8 : 1 3 =

c) 9 2 9 5 : 1 3 =

d) 5 7 1 2 : 1 4 =

e) 9 8 8 4 : 1 4 =

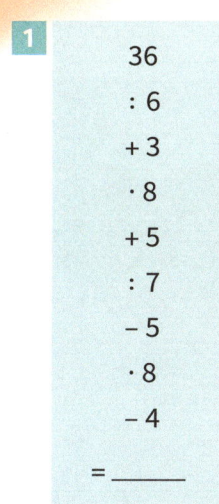

1
36
: 6
+ 3
· 8
+ 5
: 7
− 5
· 8
− 4

= _____

2
12
· 4
: 8
+ 9
: 5
+ 5
· 7
+ 4
: 10

= _____

3
12
· 6
: 8
− 4
+ 7
· 5
: 10
− 5
+ 3

= _____

4
27
: 3
+ 3
· 2
: 8
+ 4
· 9
+ 7
: 7

= _____

5
45
: 5
− 2
· 11
− 7
: 7
− 2
: 4
· 5

= _____

6
80
: 10
− 5
· 7
+ 3
: 3
+ 7
· 3
− 10

= _____

7
28
: 7
+ 8
· 5
+ 3
: 9
· 10
: 5
− 13

= _____

8
36
: 3
− 6
+ 9
− 6
· 4
+ 8
: 44
+ 1

= _____

9
60
: 10
· 30
: 10
: 3
· 100
: 50
− 2
+ 3

= _____

10
300
: 5
· 4
: 30
· 20
− 60
: 20
+ 3
· 7

= _____

11
100
: 25
+ 8
· 4
+ 2
: 10
· 200
: 4
− 200

= _____

12
500
: 20
+ 15
· 100
− 400
: 90
− 18
: 11
· 250

= _____

Mit Geldbeträgen rechnen

1 Der Euro wurde am 1. Januar 2002 als Bargeld eingeführt. Damit löste er die nationalen Währungen vieler europäischer Staaten als Zahlungsmittel ab. Er ist jetzt die gemeinsame offizielle Währung in 20 EU-Mitgliedstaaten, die zusammen die Eurozone bilden, sowie in sechs weiteren europäischen Staaten. Die Eurobanknoten bilden zusammen mit den Euromünzen das Bargeld des Euro.

Schreibe alle unterschiedlichen Banknoten in der Abbildung auf.

_____

Geldbeträge werden in der Eurozone in Euro angegeben.
Die Einheit des Geldwertes ist ein Euro (€).
100 Cent (ct) sind gleich einem Euro.

1 € = 100 ct

Wenn ein Geldbetrag in der Kommaschreibweise angegeben wird, steht links vom Komma der Euro-Betrag, rechts vom Komma der Centbetrag.

3 € 21 ct = 3,21 €

Geldbeträge in der Kommaschreibweise können in Cent umgerechnet werden.

3,21 € = 321 ct

2 Trage den Geldbetrag in die Tabelle ein.

a) 245 ct b) 3,65 € c) 33,77 €

d) 650 ct e) 200,80 € f) 6 808 ct

	Euro			Cent	
	H	Z	E	Z	E
a)					
b)					
c)					
d)					
e)					
f)					

3 Gib in Cent an.

a) 4 € = _____ b) 1,50 € = _____ c) 0,20 € = _____

d) 1,05 € = _____ e) 6,5 € = _____ f) 12 € = _____

4 Zerlege in Euro und Cent. 3,65 € = 3 € 65 ct

a) 6,24 € = _____ b) 3,08 € = _____ c) 0,45 € = _____ d) 12,00 € = _____

5 Schreibe mit Komma.

a) 3 € 15 ct = _____ b) 7 € 5 ct = _____ c) 777 ct = _____ d) 45 ct = _____

6 Mats und Liz haben zum Geburtstag jeweils einen Geschenkgutschein über 50 € bekommen. Sie gehen damit im Spielzeugladen einkaufen.

27,99 €   14,99 €   10,39 €

18,99 €   21,99 €   20,99 €

Mats wählt den Roboter und den Zauberwürfel. Er rechnet aus, wie viel Euro er insgesamt bezahlen muss und wie viel Euro von seinem Gutschein dann noch übrig bleibt.

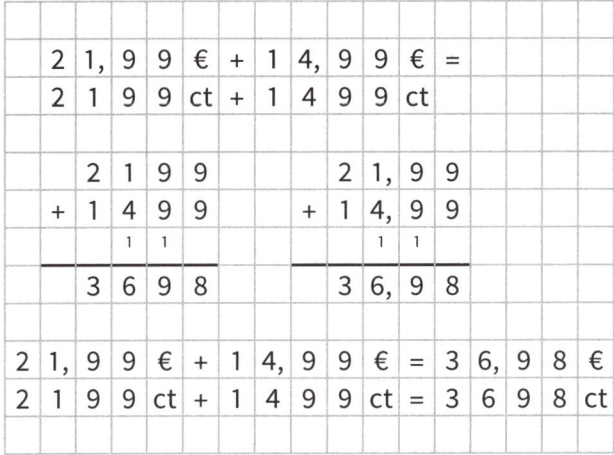

2	1	,	9	9	€	+	1	4	,	9	9	€	=					
2	1	9	9	ct	+	1	4	9	9	ct								
	2	1	9	9				2	1	,	9	9						
+	1	4	9	9			+	1	4	,	9	9						
		1	1						1	1								
	3	6	9	8				3	6	,	9	8						
2	1	,	9	9	€	+	1	4	,	9	9	€	=	3	6	,	9	8	€
2	1	9	9	ct	+	1	4	9	9	ct	=	3	6	9	8	ct	

5	0	,	0	0	€	–	3	6	,	9	8	€	=					
5	0	0	0	ct	–	3	6	9	8	ct								
	5	0	0	0				5	0	,	0	0						
–	3	6	9	8			–	3	6	,	9	8						
		1	1						1	1								
	1	3	0	2				1	3	,	0	2						
5	0	,	0	0	€	–	3	6	,	9	8	€	=	1	3	,	0	2	€
5	0	0	0	ct	–	3	6	9	8	ct	=	1	3	0	2	ct	

Liz wählt den Schminkkoffer und das Mikroskopierset. Berechne, wie viel Euro sie insgesamt bezahlen muss und wie viel Euro von ihrem Gutschein noch übrig bleiben.

Mit Geldbeträgen rechnen

Geldbeträge addieren		2,40 € + 78 ct = ▪	
Gib in der gleichen Einheit an.	240 ct + 78 ct		2,40 € + 0,78 €
Addiere schriftlich.	240		2,40
Schreibe bei Kommazahlen	+ 78		+0,78
Komma unter Komma.	$\frac{^1}{318}$		$\frac{^1}{3,18}$
	240 ct + 78 ct = 318 ct		2,40 € + 0,78 € = 3,18 €
Geldbeträge subtrahieren		4,45 € – 98 ct = ▪	
Gib in der gleichen Einheit an.	445 ct – 98 ct		4,45 € – 0,98 €
Addiere schriftlich.	445		4,45
Schreibe bei Kommazahlen	– 98		–0,98
Komma unter Komma.	$\frac{^{11}}{347}$		$\frac{^{1\ 1}}{3,47}$
	445 ct – 98 ct = 347 ct		4,45 € – 0,98 € = 3,47 €

7 Schreibe untereinander und rechne aus. Gib das Ergebnis in Euro an.

a) 82 ct + 5,65 € = _____

b) 725 ct + 5,56 € = _____

c) 4,48 € + 105 ct = _____

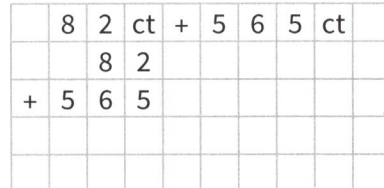

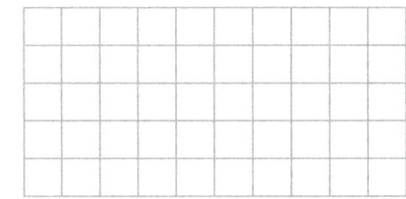

d) 502 ct + 5,80 € = _____

e) 799 ct + 0,85 € = _____

f) 30,08 € + 669 ct = _____

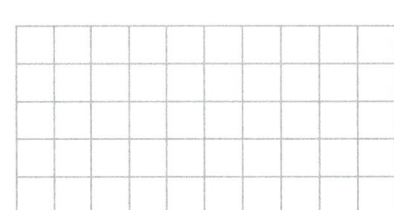
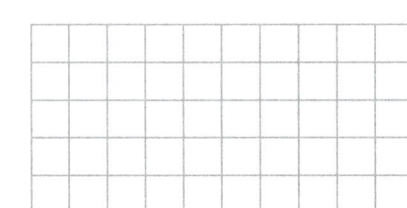

8 a) 6,82 € + 56 ct = _____

b) 725 ct – 5,56 € = _____

c) 4,48 € – 155 ct = _____

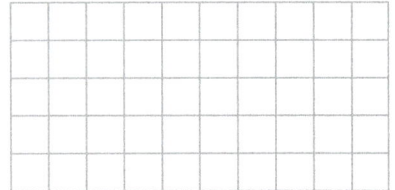
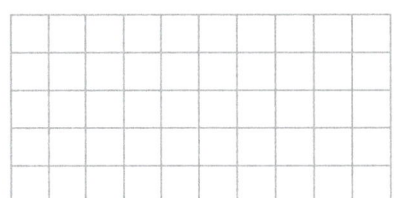
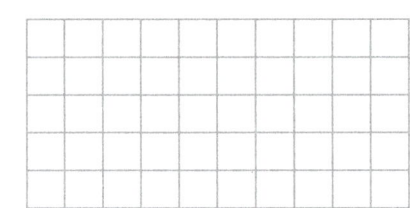

d) 1 502 ct – 5,80 € = _____

e) 799 ct – 0,85 € = _____

f) 30,08 € – 669 ct = _____

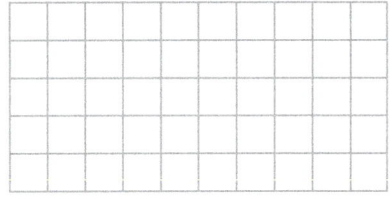
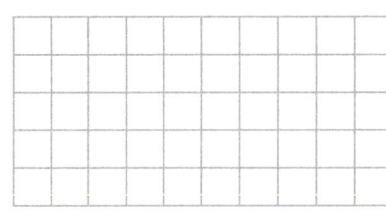
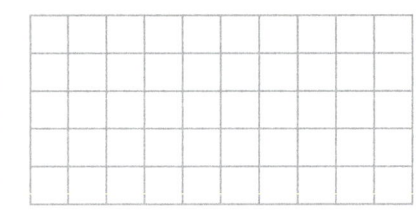

Geldbeträge multiplizieren	Geldbeträge dividieren
12,40 € · 7 = ▊	2,24 € : 8 = ▊
Gib den Geldbetrag in Cent an.	Gib den Geldbetrag in Cent an.
1 240 ct · 17 = ▊	224 ct : 8 = ▊
Multipliziere schriftlich.	Dividiere schriftlich.

Multipliziere schriftlich.
```
1240 · 17
1240
 8680
 1 1
21080
```

Dividiere schriftlich.
```
224 : 8 = 28
16
 64
 64
  0
```

Gib den Geldbetrag in Euro an.
1 240 ct · 7 = 21 080 ct = 210,80 €

Gib den Geldbetrag in Euro an.
224 ct : 8 = 28 ct = 0,28 €

> Beim Multiplizieren und Dividieren von Geldbeträgen musst du zunächst in Cent umrechnen.

9 Multipliziere. Gib den Geldbetrag in Euro an.

a) 0,65 € · 12 = _____

b) 7,25 € · 15 = _____

c) 448 ct · 18 = _____

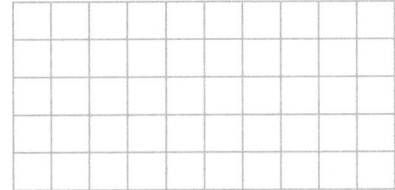
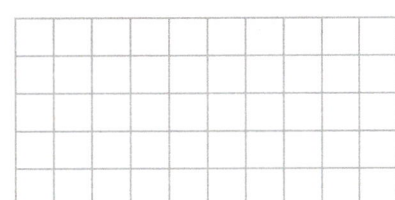
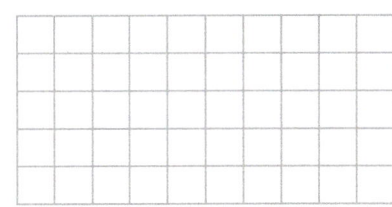

d) 15,20 € · 23 = _____

e) 1799 ct · 50 = _____

f) 130,15 € · 110 = _____

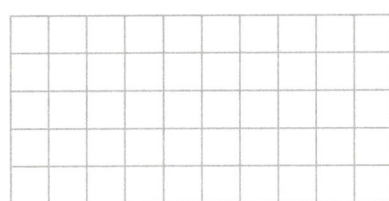
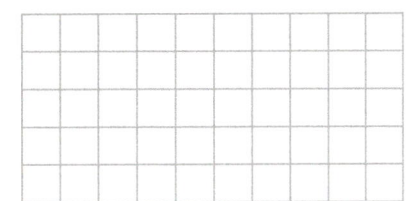
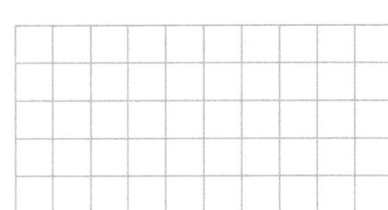

10 Dividiere. Gib den Geldbetrag in Euro an.

a) 7,74 € : 9 = _____

b) 7250 ct : 25 = _____

c) 72,28 € : 13 = _____

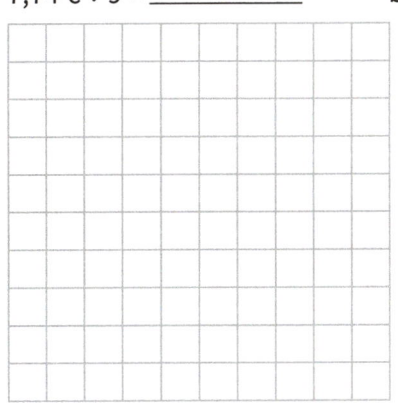

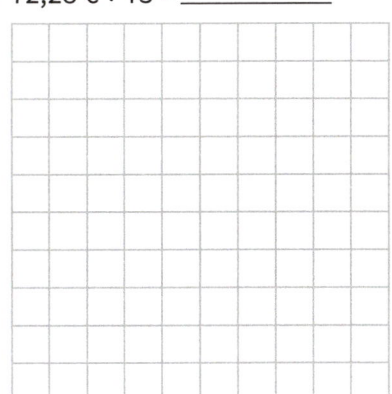

Mit Massen rechnen

1 Ordne in der Tabelle jedem Tier oder Gegenstand die richtige Masse (das richtige Gewicht) zu.

 A

 B

 C

 D

 E

 F

 G

 H

 I

Masse/Gewicht	35 t	5 t	1 t	16 kg	8 kg	1 kg	100 g	20 g	11 g
Tier/Gegenstand									

Die Masse gibt an, wie leicht oder schwer und wie träge ein Körper ist.

Wir messen die Masse eines Körpers in Tonnen (t), Kilogramm (kg) oder Gramm (g).

1 t = 1 000 kg

Im Alltag wird auch der Begriff Gewicht anstelle von Masse benutzt.

1 kg = 1 000 g

Ein Liter Wasser hat die Masse 1 kg.

2 Gib in der angegebenen Einheit an.

a) 2 kg =   g

b) 97 kg =   g

c) 5 kg =   g

d) 3 000 g =   kg

e) 17 000 g =   kg

f) 500 000 g =   kg

g) 3 t =   kg

h) 17 t =   kg

i) 200 t =   kg

k) 25 000 kg =   t

l) 9 000 kg =   t

m) 200 000 kg =   t

n) 2 000 000 g =   t

o) 7 t =   g

p) 500 000 g =   kg

3 Wenn eine Masse als Kommazahl in der Einheit Kilogramm (kg) angegeben wird, steht links vom Komma die Kilogrammzahl, rechts vom Komma die Grammzahl. Wenn eine Masse als Kommazahl in der Einheit Tonne (t) angegeben wird, steht links vom Komma die Tonnenzahl, rechts vom Komma die Kilogrammzahl.

Trage die angegebene Masse wie in den Beispielen in die Tabelle ein.

a) 3,675 kg
b) 17,09 t
c) 5 060 kg
d) 6 400 g
e) 5 t 45 kg
f) 143 kg 500 g
g) 60,095 t
h) 5 t 45 kg 10 g

	Tonne		Kilogramm			Gramm		
	Z	E	H	Z	E	H	Z	E
11,280 kg				1	1	2	8	0
7,085 t	7	0	8	5				
a)								
b)								
c)								
d)								
e)								
f)								
g)								
h)								

4 Gib in Kommaschreibweise an. Benutze dazu die Tabelle aus Aufgabe 3.

a) 4 t 700 kg = _____ t
b) 36 t 500 kg = _____ t
c) 3 t 60 kg = _____ t

d) 5 kg 800 g = _____ kg
e) 11 kg 400 g = _____ kg
f) 8 kg 65 g = _____ kg

g) 65 kg 8 g = _____ kg
h) 6 t 7 kg = _____ t
i) 1 t 900 g = _____ t

5 Gib in der angegebenen Einheit an.

a) 2 345 kg = _____ t
b) 976 g = _____ kg
c) 5 500 g = _____ kg

d) 300 g = _____ kg
e) 17 050 g = _____ kg
f) 50 675 g = _____ kg

g) 3 609 kg = _____ t
h) 17 kg = _____ t
i) 20 g = _____ kg

k) 25 900 g = _____ kg
l) 9 060 kg = _____ t
m) 205 000 kg = _____ t

n) 2 789 000 g = _____ t
o) 7 kg = _____ t
p) 508 000 g = _____ kg

6 Vergleiche die Gewichte. Setze das richtige Zeichen (> größer, < kleiner, = gleich).

a) 4 t 700 kg ____ 4 070 kg
b) 33 t 50 kg ____ 33,5 t
c) 13 t 60 kg ____ 13,06 t

d) 5 kg 800 g ____ 5,08 kg
e) 11 kg 400 g ____ 11 400 g
f) 8 kg 65 g ____ 8,65 kg

g) 65 kg 8 g ____ 0,0658 t
h) 6 t 70 kg ____ 6,070 t
i) 1 t 90 kg ____ 1,090 t

k) 259 000 g ____ 2,59 t
l) 19 080 g ____ 1,908 kg
m) 900 500 kg ____ 90,05 t

n) 9 123 000 g ____ 9,123 t
o) 6 t 7 kg ____ 607 kg
p) 58 000 g ____ 0,58 t

Mit Massen rechnen

Massen addieren $\quad\quad\quad\quad\quad\quad\quad\quad\quad\quad$ 3,456 kg + 718 g =

Gib in der gleichen Einheit an. $\quad\quad$ 3 456 g + 718 g $\quad\quad\quad\quad$ 3,456 kg + 0,718 kg

Addiere schriftlich.
Schreibe bei Kommazahlen
Komma unter Komma.

$$\begin{array}{r} 3\,456 \\ +\ \ 718 \\ \hline \underset{\scriptstyle 1\ \ 1}{} \\ 4\,174 \end{array} \qquad \begin{array}{r} 3,456 \\ +0,718 \\ \hline \underset{\scriptstyle 1\ \ 1}{} \\ 4,174 \end{array}$$

$\quad\quad\quad\quad\quad\quad\quad$ 3 456 g + 718 g = 4 174 g $\quad\quad$ 3,456 kg + 0,718 kg = 4,174 kg

Massen subtrahieren $\quad\quad\quad\quad\quad\quad\quad\quad\quad$ 4,425 kg – 908 g =

Gib in der gleichen Einheit an. $\quad\quad$ 4 425 g – 908 g $\quad\quad\quad\quad$ 4,425 kg – 0,908 kg

Subtrahiere schriftlich.
Schreibe bei Kommazahlen
Komma unter Komma.

$$\begin{array}{r} 4\,425 \\ -\ \ 908 \\ \hline \underset{\scriptstyle 1\ \ 1}{} \\ 3\,517 \end{array} \qquad \begin{array}{r} 4,425 \\ -0,908 \\ \hline \underset{\scriptstyle 1\ \ 1}{} \\ 3,517 \end{array}$$

$\quad\quad\quad\quad\quad\quad\quad$ 4 425 g – 908 g = 3 517 g $\quad\quad$ 4,425 g – 0,908 g = 3,517 g

7 Schreibe untereinander und rechne aus. Gib das Ergebnis in Kilogramm an.

a) 852 g + 5,265 kg = _____ b) 72 g + 5,956 kg = _____ c) 4,348 kg – 1 005 g = _____

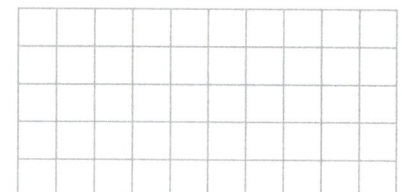 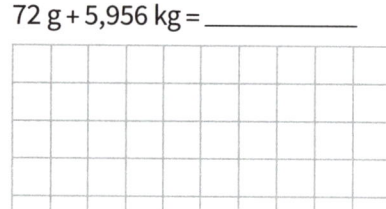

d) 1 502 g + 5,70 kg = _____ e) 7 990 g – 0,85 kg = _____ f) 35,08 kg – 6 690 g = _____

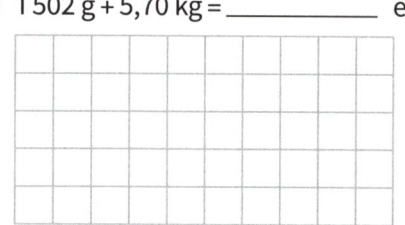 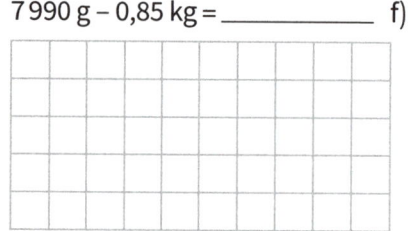 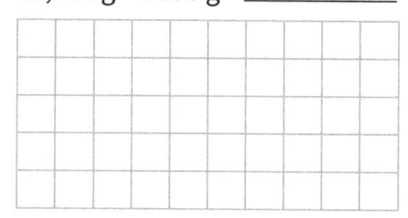

8 Schreibe untereinander und rechne aus. Gib das Ergebnis in Tonne an.

a) 6,802 t + 568 kg = _____ b) 7 025 kg – 5,156 t = _____ c) 4,48 t – 1 550 kg = _____

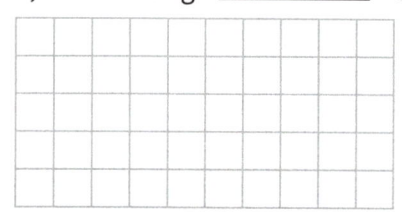 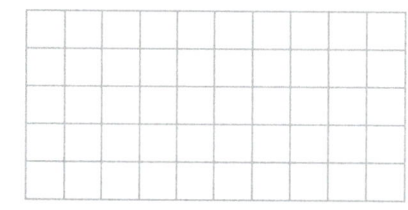 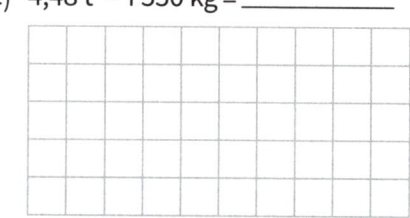

d) 15 020 kg – 5,80 t = _____ e) 799 kg + 0,85 t = _____ f) 18,08 t – 6 690 kg = _____

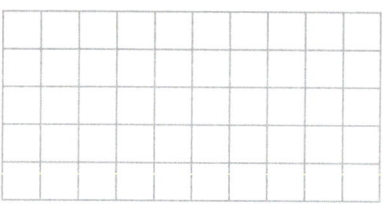 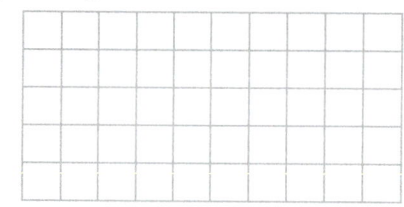 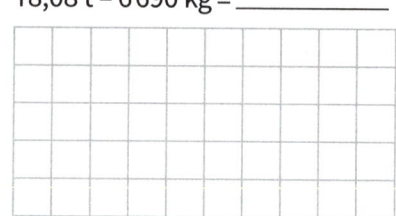

Massen multiplizieren	**Massen dividieren**
2,540 kg · 17 = ▨	0,224 t : 8 = ▨
Gib die Masse in Gramm an.	Gib die Masse in Kilogramm an.
2540 g · 17 = ▨	224 kg : 8 = ▨
Multipliziere schriftlich.	Dividiere schriftlich.

Multipliziere schriftlich.

$$2540 \cdot 17$$
$$2540$$
$$17780$$
$$\underline{\quad 111 \quad}$$
$$43180$$

Dividiere schriftlich.

$$224 : 8 = 28$$
$$\underline{16}$$
$$64$$
$$\underline{64}$$
$$0$$

Gib die Masse in Kilogramm an.
2540 g · 17 = 43180 g = 43,18 kg

Gib die Masse in Tonne an.
224 kg : 8 = 28 kg = 0,028 t

Beim Multiplizieren und Dividieren von Kommazahlen musst du so in eine kleinere Einheit umrechnen, dass das Komma wegfällt.

9 Multipliziere. Gib die Masse in Kilogramm an.

a) 0,654 kg · 17 = _____
b) 9,55 kg · 35 = _____
c) 4480 g · 28 = _____

 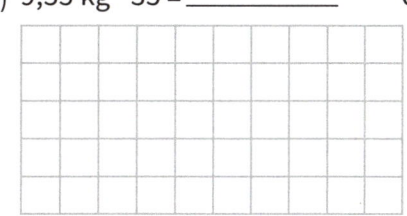 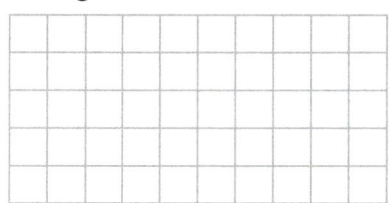

10 Multipliziere. Gib die Masse in Tonne an.

a) 15,260 t · 23 = _____
b) 450 kg · 50 = _____
c) 13,15 t · 110 = _____

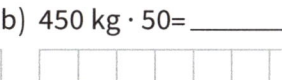 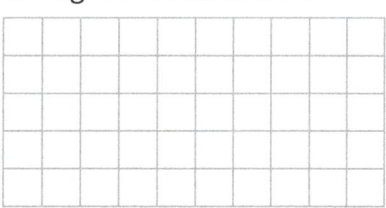 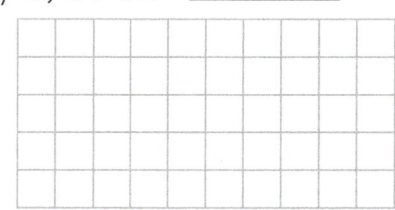

11 Dividiere. Gib die Masse in der angegebenen Einheit an.

a) 16,74 t : 9 = _____
b) 74,00 kg : 25 = _____
c) 85,28 kg : 13 = _____

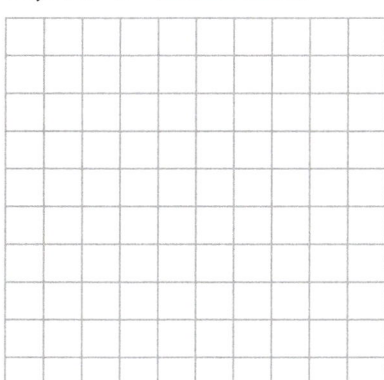 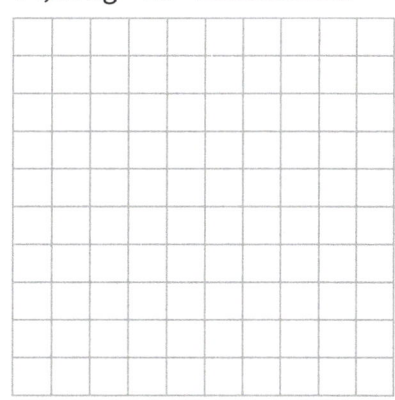 

So kannst du Sachaufgaben lösen.

Beispielaufgabe: Emilia kauft im Lebensmittelgeschäft ein: Äpfel für 2,49 €, Milch für 1,99 €, Mehl für 1,95 und Hefe für 74 ct. Sie bezahlt mit einem 10-€-Schein. Wie viel Euro erhält sie zurück?

1. Lies die Aufgabe sorgfältig durch und notiere, was gesucht ist.

   Gesucht ist der Geldbetrag, den Emilia zurück erhält.

2. Schreibe alle Angaben auf, die du zur Lösung der Aufgabe benötigst.

   2,49 €, 1,99 €, 1,95 €, 74 ct
   10-€-Schein

3. Überlege, welche Berechnungen du durchführen musst.

   Alle Preise in Euro addieren, diese Summe von 10 € subtrahieren

4. Führe die Rechnungen durch und bestimme das Ergebnis.

   2,49 € + 1,99 € + 1,95 € + 0,74 € = 7,17 €
   10,00 € − 7,17 € = 2,83 €

5. Überprüfe, ob das Ergebnis sinnvoll ist, und formuliere eine Antwort.

   2,50 € + 2,00 € + 2,00 € + 1,00 € = 7,50 €
   10,00 € − 7,50 € = 2,50 €
   2,83 € ≈ 2,50 € ✓
   Emilia erhält 2,83 € zurück.

1 Der Lkw von Herrn Vogt hat eine zulässige Gesamtmasse von 7,49 t. Das Fahrzeugt wiegt leer 3,35 t, Herr Vogt wiegt 90 kg. Welche Masse kann Herr Vogt höchstens auf einmal mit seinem Lkw transportieren?
Beachte die Punkte 1. bis 5.

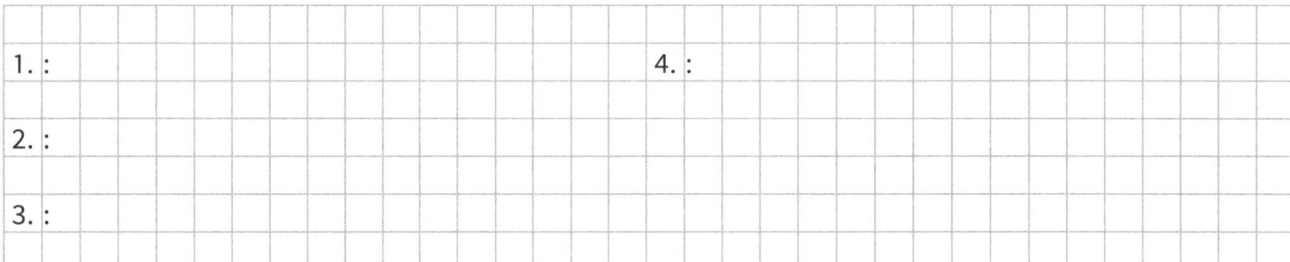

1. :   4. :

2. :

3. :

Antwort:

2 Familie Petrovic ist mit dem Auto in den Urlaub gefahren. Vor dem Urlaub betrug der Kilometerstand ihres Autos 65 986 km, nach dem Urlaub 68 564 km. Die Strecke bis zum Urlaubsort ist 1250 km lang. Wie viele Kilometer hat die Familie am Urlaubsort zurückgelegt?
Beachte die Punkte 1. bis 5.

1. :   4. :

2. :

3. :

Antwort:

3 Frau Arslan möchte im Baumarkt Schrauben kaufen. Die Schrauben, die sie benötigt, werden in drei Packungsgrößen angeboten: die Großpackung mit 200 Schrauben für 12,00 €, die mittelgroße Packung mit 50 Schrauben für 3,50 € und die kleine Packung mit 20 Schrauben für 1,60 €.

a) Bestimme für jede Packungsgröße den Preis für eine Schraube.

Antwort:

b) Frau Arslan benötigt insgesamt 40 Schrauben. Wie soll sie am günstigsten einkaufen?

Antwort:

4 Liz hat in ihrem Sparschwein 18,50 €. Sie hebt zusätzlich von ihrem Sparkonto 150 € ab. Sie möchte sich von dem Geld Fussballschuhe für 65 €, ein Trikot für 45,98 €, eine Hose für 36,25 € und Socken für 16,95 € kaufen. Wie viel Euro behält sie übrig?

Antwort:

5 In die Klasse von Emma und Hannes gehen 15 Mädchen und 14 Jungen. Für einen Wandertag werden von jeder Schülerin und jedem Schüler 37, 50 € eingesammelt. Hannes schätzt die Gesamtkosten auf rund 1 000 €. Hat er Recht?

Antwort:

Sachrechnen

6 Für ihr Büro werden Frau Fritsch sechs Pakete Druckerpapier geliefert. Jedes Paket enthält 500 DIN-A4-Blätter, jedes Blatt wiegt fünf Gramm. Bestimme die Masse der Lieferung in Kilogramm.

Antwort:

7 Herr Melnik hat mit seinem Auto in acht Jahren 116 688 km zurückgelegt. Bei seiner Kraftfahrzeugversicherung hat Herr Melnik angegeben, dass er mit seinem Auto in einem Jahr im Durchschnitt weniger als 15 000 km fährt. Stimmt seine Angabe?

Antwort:

8 Frau Schewe macht den Einkauf für den Schulkiosk. Sie hat von dem Getränkelieferanten die abgebildete Übersicht über die bestellten Waren erhalten.

Artikel	Einzelpreis	Anzahl	Preis
Kiste Mineralwasser	16,75 €	6	100,50 €
Kiste Saftschorle	10,25 €	4	41,00 €
12er-Pack Kakao	9,88 €	4	43,52 €
12er-Pack Vanillemilch	10,34 €	3	31,20 €
12er-Pack Erdbeermilch	11,65 €	2	23,20 €

a) Hat der Lieferant richtig gerechnet?

Antwort:

b) Frau Schewe rechnet mit einer Gesamtsumme von rund 250 €. Schätzt sie richtig?

Antwort:

9 Anton kauft im Supermarkt ein: 2 kg Kartoffeln für 3,95 €, 1,5 kg Äpfel für 4,50 €, 200 g Käse für 1,80 €, 150 g Schinken für 4,80 € und 2 Liter Milch für 3,80 €. Er bezahlt an der Kasse mit einem 20-Euro-Schein.

a) Wie viel Euro erhält Anton zurück?   b) Wie schwer ist Antons Einkauf?

Antwort zu a): _____

Antwort zu b): _____

10 Frau Schulte verkauft in ihrem Hofladen Obst und Gemüse. Sie hat im Herbst 345 kg Äpfel geerntet und möchte diese jetzt in 1,5 kg-Beuteln verkaufen. Der Preis pro Beutel soll dabei 3,75 € betragen.

a) Wie viele Beutel kann Frau Schulte höchstens verkaufen?

Antwort: _____

b) Wie viel Euro kann Frau Schulte mit dem Verkauf der Äpfel höchstens einnehmen?

Antwort: _____

c) Was kostet ein Kilogramm Äpfel?

Antwort: _____

Sachrechnen

11 Acht Fans eines Fußballvereins fahren gemeinsam zum nächsten Auswärtsspiel. Sie haben vorab jeweils 200 € in die Reisekasse eingezahlt.

	Kosten	Einzelpreis
Fahrt	156,80 €	
Übernachtung	668,00 €	
Eintrittskarten	344,00 €	
Abendessen	214,24 €	
Reiseproviant	84,32 €	

a) Berechne die Einzelpreise und trage sie in die Tabelle ein.

b) Wurde vorab genug in die Reisekasse eingezahlt? Gibt es eventuell Geld zurück?

Antwort:

_____

12 Herr Böger möchte in seinem Garten einen neuen Weg anlegen. Er kauft dazu im Baumarkt 40 Gehwegplatten, 12 Rasenkantensteine und sechs Säcke Splitt.

a) Herr Bögers Pkw-Anhänger hat eine maximale Beladung von einer Tonne. Darf Herr Böger seinen Kauf auf einmal transportieren?

Antwort: _____

_____

Gehwegplatte
40 x 40, 16 kg
3,25 €

Splitt 25 kg-Sack
6,95 €

b) Was muss Herr Böger für seinen Einkauf insgesamt bezahlen?

Antwort: _____

_____

Rasenkantenstein
100 cm, 16,45 kg
1,95 €

1 Wie viel Cent sind

1 € ?

10 € ?

0,5 € ?

0,05 € ?

1,50 € ?

0,75 € ?

12,78 € ?

2 Wie viel Euro sind

200 ct ?

10 000 ct ?

50 ct ?

350 ct ?

645 ct ?

3 060 ct ?

5 ct ?

3 Wie viel Gramm sind

3 kg ?

20 kg ?

0,5 kg ?

0,060 kg ?

1,4 kg ?

0,001 kg ?

4,09 kg ?

4 Wie viel Kilo- gramm sind

2 t ?

0,8 t ?

0,1 t ?

0,06 t ?

1,7 t ?

23,5 t ?

2,09 t ?

5 Wie viel Kilo- gramm sind

2 000 g ?

800 g ?

150 g ?

3 600 g ?

100 g ?

12 300 g ?

2 285 g ?

6 Wie viel Tonnen sind

2 000 kg ?

1 800 kg ?

100 kg ?

12 800 kg ?

2 060 kg ?

50 kg ?

10 900 kg ?

7 Addiere

2 € + 50 ct

12 € + 10 ct

4 € + 180 ct

10 € + 110 ct

6 € + 225 ct

2,50 € + 80 ct

3,30 € + 156 ct

8 Subtrahiere

6 € – 70 ct

10 € – 10 ct

5 € – 120 ct

20 € – 230 ct

3 € – 125 ct

8,50 € – 80 ct

6,80 € – 230 ct

9 Addiere

2 kg + 500 g

12 kg + 100 g

4 kg + 1 000 g

1 kg + 1 110 g

6 kg + 2 250 g

1,50 kg + 800 g

8,3 kg + 1 500 g

10 Subtrahiere

6 kg – 700 g

15 kg – 1 000 g

5 kg – 200 g

2 kg – 230 g

3 kg – 50 g

8,50 kg – 900 g

2,80 kg – 2 300 g

11 Addiere

4 t + 500 kg

12 t + 100 kg

4 t + 1 800 kg

10 t + 1 000 kg

6 t + 2 250 kg

7,50 t + 800 kg

1,30 t + 1 560 kg

12 Subtrahiere

5 t – 500 kg

10 t – 100 kg

4 t – 120 kg

10 t – 2 300 kg

3 t – 250 kg

4,50 t – 800 kg

9,80 t – 2 300 kg

Tabelle zur Dokumentation und Selbsteinschätzung

Liebe Schülerin, lieber Schüler,

auf dieser Seite kannst du deine Arbeit
in diesem Heft dokumentieren:

– Du trägst das Datum ein, an dem du die
   angegebene Seite bearbeitet hast.

– Du vermerkst, ob du
   · bei allen Aufgaben keine Schwierigkeiten hattest (☺),
   · bei einigen Aufgaben Schwierigkeiten hattest (☺) oder
   · bei fast allen Aufgaben Schwierigkeiten hattest (☹).

Seite	Datum	☺, ☺, ☹
2		◯
3		◯
4		◯
5		◯
6		◯
7		◯
8		◯
9		◯
10		◯
11		◯
12		◯
13		◯
14		◯
15		◯
16		◯
17		◯
18		◯
19		◯
20		◯

Seite	Datum	☺, ☺, ☹
21		◯
22		◯
23		◯
24		◯
25		◯
26		◯
27		◯
28		◯
29		◯
30		◯
31		◯
32		◯
33		◯
34		◯
35		◯
36		◯
37		◯
38		◯
39		◯